高职高专教育法律类专业教学改革试点与推广教材 | 总主编 金川

浙江省"十一五"重点教材

法院执行实务

主　编　童付章
撰稿人　（以撰写内容先后为序）
童付章　李　科　宗会霞

清华大学出版社
北京

华中科技大学出版社
http://www.hustp.com
中国·武汉

内容提要

本教材主要介绍法院执行的基础知识以及执行人员参与法院执行的实务操作程序。基础知识分五个部分，分别介绍“什么是法院执行”、“法院执行依据”、“民事执行制度”、“行政执行制度”、“刑事执行制度”；实务部分根据法院执行的案例分为七个学习情境，分别介绍各类案件执行的实务知识。

图书在版编目（CIP）数据

法院执行实务/童付章主编．—武汉：华中科技大学出版社，2011.3

ISBN 978-7-5609-6900-8

Ⅰ．①法…　Ⅱ．①童…　Ⅲ．①法院—执行（法律）—中国—高等学校：技术学校—教材
Ⅳ．①D926.2

中国版本图书馆 CIP 数据核字（2011）第 016934 号

法院执行实务　　童付章　主编

策划编辑：王京图
责任编辑：焦　佳
封面设计：傅瑞学
责任校对：北京书林瀚海文化发展有限公司
责任监印：周治超
出版发行：华中科技大学出版社（中国·武汉）
武昌喻家山　邮编：430074 电话：(027) 81321913
录　　排：北京楠竹文化发展有限公司
印　　刷：武汉鑫昶文化有限公司
开　　本：710mm×1000mm　1/16
印　　张：11.25
字　　数：208 千字
版　　次：2016 年 7 月第 1 版第 5 次印刷
定　　价：35.00 元

華中出版

本书若有印装质量问题，请向出版社营销中心调换
全国免费服务热线：400—6679—118，竭诚为您服务

总　序

我国高等职业教育已进入了一个以内涵式发展为主要特征的新的发展时期。高等法律职业教育作为高等职业教育的重要组成部分，也正经历着一个不断探索、不断创新、不断发展的过程。

2004 年 10 月，教育部颁布《普通高等学校高职高专教育指导性专业目录(试行)》，将法律类专业作为一大独立的专业门类，正式确立了高等法律职业教育在我国高等职业教育中的重要地位。2005 年 12 月，受教育部委托，司法部牵头组建了全国高职高专教育法律类专业教学指导委员会，大力推进高等法律职业教育的发展。

为了进一步推动和深化高等法律职业教育的改革，促进我国高等法律职业教育的类型转型、质量提升和协调发展，全国高职高专教育法律类专业教学指导委员会于 2007 年 6 月，确定浙江警官职业学院为全国高等法律职业教育改革试点与推广单位，要求该校不断深化法律类专业教育教学改革，勇于创新并及时总结经验，在全国高职法律教育中发挥示范和辐射带动作用。为了更好地满足政法系统和社会其他行业部门对高等法律职业人才的需求，适应高职高专教育法律类专业教育教学改革的需要，该校经过反复调研、论证、修改，根据重新确定的法律类专业人才培养目标及其培养模式要求，以先进的课程开发理念为指导，联合有关高职院校，组织授课教师和相关行业专家，合作共同编写了“高职高专教育法律类专业教学改革试点与推广教材”。这批教材紧密联系与各专业相对应的一线职业岗位（群）之任职要求（标准）及工作过程，对教学内容进行了全新的整合，即从预设职业岗位（群）之就业者的学习主体需求视角，以所应完成的主要任务及所需具备的工作能力要求来取舍所需学习的基本理论知识和实践操作技能，并尽量按照工作过程或执法工作环节及其工作流程，以典型案件、执法项目、技术应用项目、工程项目、管理现场等为载体，重新构建各课程学习内容、设计相关学习情境、安排相应教学进程，突出培养学生一线职业岗位所必需的应用能力，体现了课程学习的理论必需性、职业针对性和实践操作性要求。

这批教材无论是形式还是内容，都以崭新的面目呈现在大家面前，它在不同层面上代表了我国高等法律职业教育教材改革的最新成果，也从一个角度集中反映了当前我国高职高专教育法律类专业人才培养模式、教学模式及其教材建设改革的新趋势。我们深知，我国高等法律职业教育举办的时间不长，可资借鉴的经验和成果还不多，教育教学改革任务艰巨；我们深信，任何一项改革都是一种探索、一种担当、一种奉献，改革的成果值得我们大家去珍惜和分享；我们期待，会有越来越多的院校能选用这批教材，在使用中及时提出建议和意见，同时也能借鉴并继续深化各院校的教育教学改革，在教材建设等方面不断取得新的突破、获得新的成果、作出新的贡献。

全国高职高专教育法律类专业教学指导委员会
2008 年 9 月

前　言

人民法院司法警察参与法院执行工作是其重要职责之一。为了使司法警务专业学生系统地掌握法院执行的基本理论与相关业务知识，我们组织了从事专业教学和研究的教师编写了这本《法院执行实务》教材。本教材系统地介绍了法院执行的一般理论，注重法警参与执行职业能力的培养，尤其是结合近年来的实际情况对法院执行工作业务作了比较详细的阐述，对法院执行相关制度的建立和完善进行了一定的探索。本教材适合作为警官院校司法警务专业的教材，也适合作为在职人员业务培训用书，并对从事执行理论研究及执行实务工作具有一定的参考价值。

本教材是在金川主编的教材《法院执行原理与实务》的基础上，经集体讨论确定有关编写内容后，分工再创作而成的。全书共分两大部分，法院执行基础理论部分与法院执行实务部分。各部分的撰稿分工是（以撰写内容先后为序）：

童付章：学习单元一、学习单元二、学习情境四、学习情境五、学习情境六；

李科：学习单元三、学习单元四、学习情境一、学习情境二、学习情境三；

宗会霞：学习单元五、学习单元六、学习情境七；

本教材由童付章统稿，由金川最后审定。

在本教材的编写过程中，作者参考、引用了许多专家、学者及执行工作实务人员的著述、观点，有的列于书后参考文献中，有的可能疏于呈列。在此，我们一并表示感谢。由于作者水平有限，书中疏漏乃至谬误在所难免，敬请读者批评指正。

作者

2010 年 12 月

目　录

第一部分　法院执行基础理论

第二部分　法院执行实务

第一部分

法院执行基础理论

学习单元一　法院执行概论

【学习目的与要求】

掌握法院执行的基本概念、法院执行区别于行政执行、审判活动等法律现象的基本特征，法院执行包含的主要类型，法院执行应当遵循的基本原则。

【学习重点】

法院执行的基本概念；法院执行的法律特征；法院执行包含的类型；法院执行应该遵循的原则

学习任务一　法院执行与执行权

一、法院执行

法院执行是指人民法院按照法定程序，运用国家强制力，强制义务人履行已经发生法律效力的判决、裁定以及其他法律文书所确定的义务的法律活动。人民法院执行的任务和目的是依法强制义务人履行生效法律文书所确定的义务，保障权利人的权利和国家利益得以实现。

法院执行与其他机关执行有许多共同之处，如都必须有执行根据，都以国家强制力作后盾，都要遵循法定程序等。但是，法院执行具有自身特点。

（一）法院执行范围广，执行内容具有多样性

执行按其内容来分，一般可分为行政执行、民事执行、刑事执行。一般来说由行政机关负责行政执行，监狱机关、公安机关负责刑事执行，而人民法院兼有民事执行、行政执行和刑事执行的职责。在所有执行机关中，法律授权人民法院执行的种类最全、事项最广、内容最多。

（二）人民法院作为执行机关具有独特性

根据法律规定，人民法院是唯一拥有民事执行权的主体，同时也是唯一拥有民事、行政和刑事执行权力，可依法实施民事执行、行政执行和刑事执行的主体。

(三) 法院执行机构具有专门性

目前，按有关法律规定，只有人民法院设置了相对独立的专司执行事务的机构——执行局，且从最高人民法院至基层人民法院均建立了双重领导的较为完整的执行体系。

(四) 法院执行人员具有职业性

法院从事执行的人员包括从事执行裁判工作的法官、执行员、司法警察等，他们均具有良好的法律职业素养和职业能力。法院专门执行机关依法独立行使执行权，这就必然要求法院执行人员具有独特的法律思维及专门从事执行工作的职业人特征。

二、法院执行的类型

根据我国法律规定，人民法院执行涉及民事执行、行政执行及刑事执行。其中民事执行全部由人民法院承担，包括民事诉讼案件的执行和民事非诉讼案件的执行，如仲裁裁决的执行、公证债权文书的执行①。行政执行包括对生效的行政判决、裁定的执行和行政机关申请对非诉具体行政行为的强制执行②。刑事执行只有极少数由法院执行，如死刑执行及刑事财产刑的执行。

另外，从保障诉讼与执行的角度来看，依据民事诉讼法、行政诉讼法、刑事诉讼法有关规定，广义的法院执行还可包括妨害诉讼的强制措施的执行和妨害执行的强制措施的执行。

三、法院执行权

对法院执行权的性质，人们尚未形成统一的认识。厘清法院执行权的性质、来源，有利于科学认识和正确处理法院执行与审判的关系，对执行机构的设置及其职能设定也有重要意义。

(一) 法院执行权与相关权力的区别

关于执行权的国家分权属性，主要有以下几种观点：一是执行权（强制执行权或行政强制执行权）是行政权，主张执行和审判是两种不同性质的工作，执行工作从性质上讲是行政活动，具有确定性、主动性、命令性、强制性的特点；二是执行权属于司法权，认为凡是由司法机关行使的权力即为司法权；三是执行权兼具行政权和司法权的双重属性，认为在执行工作中，司法权和行政

---

① 《民事诉讼法》第二百零一条第一款：发生法律效力的民事判决、裁定，以及刑事判决、裁定中的财产部分，由第一审人民法院或者与第一审人民法院同级的被执行的财产所在地人民法院执行。

② 参见《行政诉讼法》第八十三条、八十六条、八十七条等规定。

权的有机结合构成了复合的、独立的、完整的强制执行权，执行行为兼有司法行为和行政行为两方面的特点；四是执行权不能独立存在，认为执行中体现的国家权力不能独立成为强制执行权，它是依附于执行依据作出时所体现的国家权力性质的，如果执行依据是法院的生效判决，那么执行生效判决的国家权力如同作出生效判决的权力性质一样，属于司法权，如果执行依据是行政处罚或处理决定，那么执行行政处罚或处理决定的国家权力性质如同作出行政处罚或处理决定的权力性质一样，属于行政权。

上述几种观点均与行政权、司法权及其相互关系有关。对执行权的争论也始终围绕着行政权与司法权展开。而从我国现行权力结构体系及实际运行状况来看，执行权（强制执行权）似乎与司法权有着更为密切的联系。因此区分执行权与审判权或司法权之间的关系，将有利于进一步认清执行权的性质。

1. 法院执行权与审判权

执行权与审判权存在本质的区别，主要体现在以下几个方面：

（1）权力法源不同。总体上讲，执行权和审判权都属于国家统治权的范畴，均是国家权力，但二者在具体来源上不同。在西方，各国宪法一般将国家统治权分为立法权、行政权、司法权三部分，分别授予不同的机关行使。其中，司法权完全授予法院，由法院负责对法律上的案件或争讼作出裁决或判断。至于对法院审判结果的执行的权力，各国宪法都没有作出明确的规定与定位。在我国，宪法也只对审判权给予了明确的规定，即人民法院依照法律规定独立地行使审判权，不受行政机关、社会团体和个人的干涉。至于执行权出自何方，由谁行使，宪法没有明确规定，实践中执行工作往往需要行政机关与审判机关（司法机关）相互合作、相互配合。执行权不如审判权那样具有完全的独立性。

（2）权力设定的目的不同。审判权设定的目的在于由国家对各类案件或争讼作出终局性的裁判，确定当事人之间的实体权利义务关系，实现公力救济。同时，审判权对行政权和立法权还有一定的制衡作用。“如果司法权不同立法权和行政权分立，自由也就不存在了。如果司法权与立法权合二为一，则将对公民的生命和自由施行专断的权力，因为法官就是立法者。如果司法权同行政权合二为一，法官便将握有压迫者的力量。如果同一个人或者重要人物、贵族或平民组成的同一个机关行使这三种权力，即制定法律权、执行公共决议权和裁判私人犯罪或争讼权，则一切便都完了。”①

执行权设定的目的在于使法律文书确定的权利义务关系付诸实现，维护社会公共利益、实现当事人的合法权益。另外，执行权也无法与立法权、行政权

---

① ［法］孟德斯鸠：《论法的精神》，张雁深译，商务印书馆1982年版，第156页。

相制衡。

（3）权力的主体不同。审判权的主体，一般都在国家宪法中明确规定。各国宪法都规定，行使审判权的主体只能是法院，其他任何机关、团体或个人均不得行使审判权。对于执行权的主体，各国宪法都没有作出明确规定，而是由其他法律、法规作出规定或解释。以民事执行为例，一般来说，在大陆法系国家，执行权的主体是法院以及附设于法院的执行官。在英美法系国家，民事裁判的执行往往由法院发出执行令状（writ of mandamus 或 warrant of execution)，交由行政官员（如英国的 sheriff 或 bailiff）或法警（如美国的 marshal）执行。可见，无论是大陆法系国家还是英美法系国家，执行权的主体并不如审判权主体那样具有专有性①。在我国，享有执行权的是人民法院和行政机关。

（4）权力的内容不同。审判权是指对案件或争讼作出权威性的判断的一种权能。其内容主要是享有审判权者站在中立的第三者立场，在听取争讼各方主张和相关证据的基础上，依据实体法律的原则和规定对争讼各方的权利义务作出权威性的裁判。执行权是指依据执行名义采取执行措施的一项权能。其内容主要是享有执行权者依法定程序和方式对义务人的财产或行为采取强制措施或者通过其他方法，强制义务人履行义务或其他法律文书确定的内容的实现。

2. 执行权与司法权

自从 18 世纪孟德斯鸠等启蒙思想家提出分权理论以后，西方各个国家基于不同的历史原因和现实需要，先后建立了立法、司法和行政三权分立的政治体制和国家机构体系。但在应用这种理论指导立国的实践中，由于历史传统和现实情况各不相同，各国对统治权划分的最终结果并不完全一样。司法之概念因国家和时代不同而具有差异性。至于什么是司法权，更是难以作出准确的说明。在西方国家，“成文宪法通常设置一个最高法院，并且通过立法设置下级法院，然后确立一个原则，即‘司法权’属于法院。然而，要准确地界定‘司法权’是什么从来都不容易。”② 西方国家的司法机关一般仅指法院，司法权独指裁判权，即司法权的意义与作用仅在于裁判纠纷，或者说对当事人之间的纠纷作出终局性的判断。③ 国内也有学者提出，“司法权就是判断权”④。

根据我国宪法规定，人民法院依照法律规定独立行使审判权，不受行政机关、社会团体和个人的干涉。因而，西方国家机构设置中的司法机关在我国应

---

① 参见谭秋桂：《民事执行原理研究》，中国法制出版社 2001 年版，第 24、25 页。

② ［英］詹宁斯：《法与宪法》，龚祥瑞、侯健译，生活·读书·新知三联书店 1997 年版，第 165 页。

③ 参见谭秋桂：《民事执行原理研究》，中国法制出版社 2001 年版，第 27 页；胡夏冰：《司法权：性质与构成的分析》，人民法院出版社 2003 年版，第 49～115 页。

④ 孙笑侠：《司法权的性质是判断权》，载《法学》1998 年第 8 期。

该就是审判机关，西方政治学和法学理论中的司法权在我国宪法里应该就是被称为“审判权”的那种权力。我们认为，执行权不是审判权的组成部分，也不属司法权的范畴，更有别于诉权。就其本质而言，执行权应属行政权，是一种特殊的行政性权力。

（二）法院执行权的来源与定位

执行权的来源问题就是指法院执行权来自何方。它包括两方面的问题，一是法院执行权的权力本源是什么，二是法院执行权的形式来源，即法源是什么。法院执行权是执行权的一种，毫无疑问是国家统治权的一部分。但是，根据近现代的国家分权理论，执行权应该怎样定位，即在国家权力结构体系中处于什么位置，这是一个颇有争议，但又必须回答的问题。因为它关系到执行权主体的确定和执行机关的设置，最终影响执行的效力与效率。作为一种国家权力，执行权的定位应该是由国家的立国政治理论决定的，形式上又往往规定或体现在国家宪法（或宪法性法律）里。

随着人类社会生产力的发展、物质财富的不断增长，一方面，国家事务日益繁重，社会结构日趋复杂，国家统治权也随之不断扩张；另一方面，社会文明程度不断提高，人们的民主意识和权利意识不断增强。为了解决国家权力与民众权利之间的矛盾，适度节制国家权力的过度膨胀，防止专制与腐败，必须将国家权力或职能进行适当的划分，并以权力制约权力，以达到某种平衡。于是，分权理论应运而生，主张将政治权力机构分为立法、司法、行政三部分①。现代各国的立国理论或多或少与分权有关。在实践中，西方各国对分权理论的解释和适用是不尽相同的，各国分权的具体结果及权力机构设置的具体情形也各不相同。

在西方各国政治制度中，司法机构与行政机构，立法机构与行政机构在职能上往往存在交叉或不能精确区分的情况。“从实际上由法院和行政机构行使的职能的性质或实质的意义上去区别‘司法’职能和‘行政’职能乃是极不可能的。最多只能说，法院更多地涉及法律问题，而行政机构更多地涉及自由裁量。同样，在议会的职能和行政机构的职能之间作出精确的区别也是不可能的，这主要是由于这样一种情况：议会通过立法可以为所欲为，而行政机构的大部分权力（同法院的权力一样）都来源于立法。”② 又如英国大臣权力调查委员会所言：“虽然某些判决并非由法院作出，但它们可能仍是真正司法性

---

①　最早可以从亚里士多德的著述中找到根据，洛克和孟德斯鸠在探讨自由之实现手段时，更深入地阐述了分权理论。参见龚祥瑞：《比较宪法与行政法》，法律出版社 2003 年版，第 60～71 页；胡夏冰：《司法权：性质与构成的分析》，人民法院出版社 2003 年版，第 29～49 页。

②　［英］詹宁斯：《法与宪法》，龚祥瑞、侯健译，生活·读书·新知三联书店 1997 年版，第 203 页。

的……在立法与纯行政双方之间划一条精确的分界线，的确不仅在理论上是困难的，而且在实践中也是不可能的；行政行为是如此经常地兼有立法和执行的特征。”[①] 有学者认为，“司法权对所谓行政权的分立，也只有在比较有限的范围内才是可能的。这两种权力的严格分立是不可能的，因为通常以这些术语所称的两种类型的活动实质上并不是不同的职能。事实上司法职能完全是同平常用行政一词所描绘的职能同样意义的执行职能；司法职能也在于一般规范的执行。”[②] 孟德斯鸠在论及立法权与司法权的关系时也曾指出，“一般”来说二者之间不应该有“任何部分结合”，但也有“例外”。[③] 联邦党人更加明确指出：“只要各个权力部门在主要方面保持分离，就不排除为了特定目的予以局部的混合。此种局部混合，在某种情况下，不但并非不当，而且对于各权力部门之间的相互制约甚至还是必要的。”[④] 可见，三权分立确实存在，但其区分并非泾渭分明，只是相互相对而言的，有时甚至是无法分清的。事实上，现代国家权力的分配及行使越来越呈现出相对独立而适度交叉渗透的状态。如行政机关可依法行使立法性权力（行政法规制定权）及司法性权力（行政争议裁决权），司法机关也可以依法行使立法性权力（司法解释权或部分授权立法、通过判例创立法律原则、确立法律规则）及行政性权力（司法机关内部行政事务管理权、司法制裁实施权）等，但是我们不能依此就认为行政机关行使了立法机关或司法机关的权力，也不能说是司法机关行使了立法机关或行政机关的权力；更不能推导出行政机关兼具了立法机关、司法机关的职责而成为立法机关或司法机关的一个特殊种类（或组成部分）；同样，司法机关也如此。因此，司法机关除了行使审判权外，还依法可行使其他诸如像立法机关立法权那样的具有某些立法权特征的立法性权力以及像行政机关行政权那样的具有行政权特征的行政性权力。

根据我国有关法律规定及国家权力运行状况，我们认为，我国法院享有并行使的权力大致可分为审判权、司法行政管理权、司法执行权、司法立法权。其中审判权是最主要的核心权力，司法行政管理权与司法执行权是一种特殊的行政性权力，司法立法权是一种特殊的立法性权力。[⑤] 法院的民事案件执行

---

① 转引自［英］詹宁斯：《法与宪法》，龚祥瑞、侯健译，生活·读书·新知三联书店 1997 年版，第 203 页。

② ［奥］凯尔森：《法与国家的一般理论》，沈宗灵译，中国大百科全书出版社 1996 年版，第 303 页。

③ ［法］孟德斯鸠：《论法的精神》（上），张雁深译，商务印书馆 1961 年版，第 154、162 页。

④ ［美］汉密尔顿等：《联邦党人文集》，程逢如等译，商务印书馆 1980 年版，第 337 页。

⑤ 如 1997 年 4 月 26 日，最高人民法院审判委员会第 898 次会议讨论通过，于 1997 年 5 月 4 日印发施行了《人民法院司法警察暂行条例》，对我国人民法院司法警察相关事宜作出了规定。外国法院也有行使该项权力的，如日本最高裁判所制定并施行了具有法律效力的《日本执行官规则》。参见最高人民法院执行工作办公室编：《强制执行指导与参考》，2002 年第 3 辑，法律出版社 2002 年版，第 373～388 页。

权、刑事案件执行权、行政案件执行权以及妨害诉讼与执行的强制措施的执行权均为司法执行权的组成内容。

综上所述，各国宪法（或宪法性法律）均未将执行权单独作为一种权力进行定位，更不可能明确说清执行权属于何种权力。从总体上讲，执行权来源于国家统治权，国家是执行权的最本源的主体。执行权必须有其形式来源，从世界各国的立法例看，相关执行权由诉讼法或法院组织法或单行执行法加以规定。在我国，法律、法规或司法解释是法院执行权的法源，法院执行权是由法院依法行使的一项重要的行政性权力。

学习任务二　法院执行应遵循的原则

一、法院执行的一般原则

（一）法院执行原则的涵义及意义

法院执行原则是指法院执行立法、执行活动的指导思想和基本准则，是人民法院和当事人以及协助执行的单位和个人在整个执行活动中必须遵循的行为准则。它不仅反映了我国执行制度的性质，而且体现了我国执行制度的精神实质，它为人民法院执行工作指明了方向，提出了总的要求。明确执行的原则，不仅在理论上有其必要性，而且对于执行实践也具有重要作用。

1. 法院执行原则对于执行立法具有指导意义

从宏观上讲，法院执行原则是制定或派生各种执行法律规范的灵魂和重要支点；从微观上讲，具体的法院执行程序的制定要体现和遵循法院执行的原则。

2. 法院执行原则指导着各项法院执行活动的开展

由执行立法的原则性、抽象性与现实中的执行案件的复杂性、多样性所决定，法院执行实践中必然有执行机关合理行使裁定权的问题，执行参与人如何正当行使自己的权利和承担义务，如何有效监督执行机关的执行行为。只有严格贯彻法院执行原则的精神，才能科学地解决上述问题，使执行活动顺利、有效地进行下去。

3. 法院执行原则对执行工作改革具有导向作用

随着经济、社会的不断发展，人们对法治的要求不断提升，司法改革成为当今社会热门的话题，而执行工作改革正是司法改革的突破口之一。只有认真贯彻、遵循执行工作应有的规律、原则，才能很好地把握执行改革的方向，使改革工作富有成效。否则，偏离或违背执行原则，会导致执行工作改革的低效，甚至失败。

（二）法院执行的一般原则

1. 依法执行原则

依法执行是指执行机关及执行参与者在执行活动中必须严格依照执行法律规范的要求办事。执行作为一项法律制度，具有程序性和强制性的特点，要充分照顾到执行关系主体各方的利益。法律规定一旦确定，就必须坚决执行。

（1）依照法律规定的执行程序办事。执行首先是程序制度，执行程序就是执行工作所依照的程序。它规定了执行法律关系当事人该为什么行为或不该为什么行为，规定了对执行中出现的各种情况该如何处置，以及对违反执行程序的制裁。人民法院及其执行人员，都应模范地遵守法律关于执行名义、执行期限、申请执行和移送执行、执行措施以及执行中止和执行终结等规定，依法开展执行活动。

人民法院的执行人员应模范执行国家法律，文明开展执行活动，做到严肃执法，依法办事，不得滥用执行权，否则应当承担赔偿责任。

所有执行活动的参与者也都要严格遵守执行法律规范，服从执行法院及其工作人员的指挥，按照法律规定享有权利、履行义务。尤其是有协助执行义务的单位和个人，要从维护国家法制权威这个大局出发，不能从小团体或个人利益出发，积极协助执行法院执行。

（2）依照生效法律文书确定的内容执行。人民法院的生效裁判文书和其他生效法律文书，是人民法院的执行根据。执行法院不能随意改变执行内容，不能擅自变更执行对象。同时，执行法院还应严格按照生效法律文书内容的需要依法采取执行措施，确保权利人的权利实现。

执行工作机动性大、强制性强，坚持依法执行原则，对于维护国家法律的权威和维护当事人合法权益尤为重要。因此，依法执行原则应当是法院执行必须坚持的首要原则。

2. 保护执行各方权益原则

法院在执行工作中要严格按照生效法律文书的规定，强制被执行人履行法定的义务，以维护权利人的合法权益；同时要照顾被执行人的实际情况，保证被执行人能维持正常的生产和生活。既要保护当地当事人的合法权益，又要维护外地当事人的合法权益，坚决反对地方保护主义。

保护执行各方合法权益原则是公民在法律面前一律平等的法治原则在执行工作上的体现。这一原则要求执行活动中在保护权利人利益的同时，还必须兼顾义务人的利益，防止侵害第三人的合法权益。

（1）依法保护权利人的合法权益。保护权利人的合法权益，首要的就是通过强制被执行人履行生效法律文书所确定的义务。如果义务人不按生效法律文书的内容全面自觉履行，不但损害了权利人的合法权益，而且是对执行机关和国家法律的藐视。对于义务人拒不履行的，执行法院应当依法强制其履行，非法定事由不得中止或终结执行，以保护权利人的合法权益。

(2) 依法保护被执行人的合法权益。被执行人作为义务人，必须全面履行法定的义务，这是不容置疑的。但是，这并不意味着执行法院及其执行人员在执行时可以不顾被执行人的实际情况，盲目执行。执行中应当照顾被执行人的实际情况，尊重被执行人的人格权和基本生存权，如保留其必要的生产资料及家庭必需的生活资料。这是人道主义在执行立法中的体现，也是维护社会稳定的需要，又是司法文明的要求。

(3) 依法保护第三人的合法权益。执行中由于客观情况的复杂性，往往发生不当侵害案外第三人合法权益的现象。按有关法律规定，案外第三人有权提出执行异议，对此应加倍重视。案外第三人一旦提出执行异议，执行法院就有义务对该异议进行审查，并依法作出正确处理。对第三人合法权益的保护，也是法院执行活动应遵循的准则。

保护执行各方合法权益原则，要求执行法院既要保护本地当事人的合法权益，又要依法保护外地当事人的合法权益；既要保护本国当事人的合法权益，又要依法保护外国当事人的合法权益。

3. 效率优先原则

效率优先原则是强制执行权性质与功能的内在要求，是执行活动科学化、文明化的重要体现，是司法资源有限的客观需要。它包含迅速原则和经济原则两部分内容。迅速原则，是指人民法院在保证办案质量、不违背法律的前提下，尽量缩短执行周期，尽快实现生效法律文书确定的内容，以达到早日稳定社会关系的目的。迅速原则在执行活动中的具体要求是执行法院按规定程序的时限及时终结执行，不得任意拖延。经济原则就是在执行中以最小的执行成本，实现最大的执行效益。要求执行活动尽量降低执行成本，节省人力、物力和财力的投入，执行措施得力可行，执行方案科学合理，充分实现效率价值目的。

二、民事执行的特有原则

民事执行的特有原则是指人民法院和当事人以及协助执行的单位和个人在整个民事执行活动中必须遵循的行为准则。

(一) 执行标的有限原则

执行标的有限原则，有两方面的含义：一是民事执行的对象只能是物和行为。民事执行不能执行人身，不能以对人身的执行代替对物和行为的执行，这首先是由民事法律关系的性质决定的。民事法律关系的争议，包括财产和人身两个方面。但只有处理财产方面争议的法律文书，才具有给付性质，才发生执行的问题；处理人身权利争议的法律文书，不具有执行内容，不发生执行的问题。其次，我国是社会主义国家，公民的人身自由和权利应该得到切实的尊重和保护，人身不能作为强制执行的对象，不能以羁押被执行人或其他限制人身自由的方法来代替对物或行为的执行。在实践中，有些被执行人或案外人因实施严重妨害执行秩序的行为，被人民法院处以罚款、拘留，这是人民法院依法对他们采取的强制措施，不能理解为对人身的执行，二者的性质是完全不同的。二是对物的执行范围的限制。即使对物的执行，也是有一定范围限制的，并非被执行人的全部财物都可执行。如对个人财产的执行，必须保留被执行人及其所抚养家属的生活必需费用；对法人或其他组织的执行，首先应执行其自有资金和流动资金，只有在上述资金不足以清偿债务时，才能依法执行其他财产。另外，执行也包括对行为的执行，即可以责成被执行人为某种行为，也可以责成被执行人不为某种行为。被执行人如果拒绝履行，人民法院可以委托有关单位或者其他人代为完成，费用由被执行人负担。这就将完成法律文书指定行为的强制执行转化为对其财产的强制执行，而不是用人身强制来迫使其完成指定的行为。

（二）预先告诫原则

预先告诫是指人民法院在采取强制执行措施之前，必须先行告知被执行人及时履行生效法律文书所确定的义务，以及拒不履行义务时拟将采取对其不利的强制执行措施。《民事诉讼法》第二百一十六条第一款规定：“执行员接到申请执行书或者移交执行书，应当向被执行人发出执行通知，责令其在指定的期间履行，逾期不履行的，强制执行。”对被告人采取强制执行措施前，发出执行通知预先予以告诫是必不可少的环节。根据预先告诫原则，人民法院在采取强制执行措施之前，应当给被执行人留有一定的履行期限，以督促义务人自觉履行债务，告知被执行人如不及时履行义务将受到不利影响，人民法院将实施强制执行。最高人民法院《关于人民法院执行工作若干问题的规定（试行）》（以下简称“执行规定”）第二十六条第二款规定“在执行通知书指定的期限内，被执行人转移、隐匿、变卖、毁损财产的，应当立即采取执行措施”。这条规定有利于及时控制被执行人的财产或标的物，有利于保证生效法律文书得以顺利执行。将这种情况作为预先告诫原则的例外情况处理是必要的。

（三）当事人主动原则

当事人主动原则是民法古老原则——当事人主义在执行活动中的体现。它指法院执行中，执行程序的启动、财产处分、有关执行措施的采用、执行和解及终结等均以当事人为前提，以当事人意思表示为依据，执行法院往往表现为“被动”。当事人主动原则体现了现代民事诉讼的目的价值要求，反映了民事权利的本质属性。贯彻当事人主动原则，有利于维护人民法院中立、公正、公平的形象，有利于督促债权人积极行使权利，有利于司法资源的合理配置和利用，有利于培养社会公众良好的法律意识。

当事人主动原则也有例外。为保护缺乏自我救济能力的人（主要指老、弱、孤、寡、病、残者）的合法权益，现代民事诉讼制度中设立了“移送执行”等体现了职权主义原则的相关制度，以便更好地体现社会公正与公平理念。

当前，深刻理解和认真贯彻当事人主动原则，有效改变执行法院职权主义甚至超职权主义的观念和做法，解决“执行难”问题具有重大意义。

（四）优先清偿原则

优先清偿是指在民事执行中，同一债务人存在多个债权人，对债务人的财产首先申请执行或首先申请查封的债权人，在无其他法定优先权设定的条件下享有优于其他债权人受偿的权利。优先清偿原则是与平等清偿原则相对应的一项执行原则，也是各国民事强制执行法发展的方向。

贯彻优先清偿原则有利于提高债权人的法律保护意识、督促债权人及时行使申请执行权，体现了债权人与债务人权利与义务的一致性，方便法院及时解决执行纠纷，有利于提高法院执行效率，从速实现执行目的，促进社会秩序稳定。实行优先清偿原则，将会对我国现行执行制度产生较大影响，与此相关的一些执行措施规定将作相应的修改和调整。

（五）协助执行原则

做好执行工作是人民法院的任务，但如果离开了有关单位的协助，也很难保证执行工作的顺利进行。比如在执行程序中，有时需要扣留被执行人的收入，必须由被执行人所在单位协助才能做到；需要查询、冻结、划拨被执行人的存款的，必须由有关的银行、信用合作社和其他有储蓄业务的单位协助，才能实现。为了避免有关单位应履行而不履行协助义务，民事诉讼法规定人民法院首先应当责令其履行义务，让这些单位明确，协助人民法院执行是法律规定的义务；如果其拒绝协助，甚至妨碍执行，就可以对单位的主要负责人或者直接责任人员处以罚款；并可以向监察机关或有关机关提出给予纪律处分的司法建议。这就从立法上保证了有关单位协助人民法院执行的原则得到认真贯彻。但应明确，协助执行原则的执行主体只能是人民法院，有关单位只有协助法院执行的法定义务，而不能直接采取强制措施。人民法院需要有关单位协助执行时，应当发出协助执行通知书，说明需要执行的具体事项、执行的方法、完成期限和应注意的问题。接到协助执行通知书的有关单位，必须按照通知的内容协助执行。

【思考题】

1. 如何理解法院执行的涵义？
2. 如何理解法院执行权的性质？
3. 法院执行的目的是什么？与行政执行比较，法院执行有何不同？
4. 法院执行应遵循哪些基本原则？

学习单元二　法院执行名义

【学习目的与要求】

掌握法院执行名义的涵义、法院执行名义的分类、法院执行名义的构成条件，了解法院执行名义的效力。

【学习重点】

执行名义的概念和特征；执行名义的种类；执行名义的构成要件；执行名义的效力范围

学习任务一　法院执行名义

一、法院执行名义的涵义

（一）执行名义的涵义

执行名义，也称执行根据，是表示存在一定的实体权利，同时确定该权利的范围与种类，并宣示可由执行机关执行的一种法律文书。执行名义是执行机关采取执行措施的唯一根据，没有执行名义实施的执行行为不能产生变更实体权利的效力。执行名义具有以下法律特征：

1. 执行名义有确定的实体权利义务内容

执行名义的主要内容是确认当事人之间存在实体上的权利义务关系，确定实体权利的享有者和实体义务的承担者，以及实体权利的种类、范围、数量或义务履行的期间、条件等。

2. 执行名义确定的实体权利具有可执行性

执行名义所确定的实体权利义务关系，已不同于事实上存在的实体权利义务关系，它具有可执行性。如果义务人拒不履行确定的义务，经权利人请求，或执行机关自行采取强制执行措施迫使义务人履行义务，实现权利人的权利。

3. 执行名义以法律文书为形式

在形式上，执行名义总是体现为生效的法律文书，包括法院的法律文书、仲裁机构的法律文书、行政机关的法律文书等。但并非所有的法律文书都能成为执行名义。

（二）执行名义的作用

1. 执行名义是联结裁决程序和执行程序的媒介

经裁判程序确定的权利人的权利，仍处于一种理论状态，如果义务人不自觉履行义务，这种权利要变为现实状态的权利，必须经过执行程序。但是，裁判程序并不能自动地过渡到执行程序，而必须通过一定的媒介联结。执行名义正是联结裁判程序与执行程序的媒介。经裁判程序作出的法律文书，既是裁判程序的结果，标志着裁判程序的终结；同时权利人取得执行名义以后，又对执行机关产生了执行请求权，执行机关应基于权利人的请求或依职权行使执行权，采取强制执行措施，实现权利人的权利。可见，执行名义既体现裁判程序的结束，又隐含执行程序的开始，它使裁判程序与执行程序联结起来。

2. 执行名义是权利人行使执行请求权的依据

只有当法律文书成为执行名义以后，权利人才有权向执行机关请求执行，移送执行人才能向执行机关移送执行。执行请求权的发生或存在，以执行名义的成立或存在为基础，没有执行名义就没有执行请求权。权利人只有获得了执行名义才能依此行使执行请求权。

3. 执行名义是执行机关采取执行措施的唯一根据

执行名义已为法律所确认，具有极高的权威性。执行机关既不能没有执行名义就采取执行措施，也不能脱离执行名义确认的实体权利的范围、种类、数量等采取执行措施，只能按照执行名义所确认的内容依法采取必要的执行措施。没有执行名义，执行机关实施的执行行为无效，不能产生实体权利变更的效力；执行机关没有根据执行名义确定的权利范围、种类和数量所为的执行行为，超出部分无效，不生权利变更之效力，不足部分权利人可请求继续执行。

二、法院执行名义的分类

（一）执行名义的分类标准

对执行名义可以按不同的方法、以不同的标准进行分类。不同种类的执行名义，具有各自不同的特点，其识别与审查的标准也不一样。

1. 以执行名义的制作机关为标准

根据制作执行名义的机关不同，执行名义可分为法院制作的执行名义、仲裁机构制作的执行名义、公证机关制作的执行名义、行政机关制作的执行名义等几种。

2. 以执行名义的内容性质为标准

根据执行名义规定的内容性质不同，可分为民事执行名义、行政执行名义、刑事执行名义及排除妨害执行名义。另外，在民事执行名义中，根据执行名义规定的具体内容不同，执行名义又可分为给付金钱的执行名义、交付财物的执行名义、命令作出某种行为的执行名义、命令不得作出某种行为的执行名义等几种。

3. 以执行名义的效力为标准

根据执行名义是否具有终局的效力，可以将执行名义分为终局的执行名义与暂定的执行名义两种。终局的执行名义是已经确定的、最终的执行名义，如判决书、调解书等；暂定的执行名义是尚未最后确定、为维持现状而暂时作出的执行名义，如财产保全裁定、先予执行裁定等。

4. 以执行名义的功能为标准

根据执行名义的功能不同，可将执行名义分为满足执行的执行名义、保全执行的执行名义和保障执行的执行名义三种。以最终满足（实现）权利人的权利为目标的执行名义，称为满足执行的执行名义，如审判机关作出的终局判决。维持现状，以保证将来的终局执行得以顺利进行的执行名义，称为保全执行的执行名义，如保全裁定、先予执行裁定等。排除妨害审判、执行行为的强制措施的执行名义，称为保障审判、执行的执行名义，如妨害执行制裁决定书等。

5. 以执行名义是否具有既判力为标准

根据执行名义是否具有既判力，可将执行名义分为有既判力的执行名义和无既判力的执行名义两种。有既判力的执行名义就是执行名义成立以后，当事人不得重复提出同一争执，裁决机关也不得作出与之相反或相异的新判断的执行名义，如终局判决、调解书、仲裁裁决等。没有既判力的执行名义，就是同一当事人可以同一原因和同一标的、对同一对方当事人再行提起争执，裁决机关也可以再行作出与其不同的新判断的执行名义，如保全裁定、先予执行裁定等。

（二）法院执行中常见的几种执行名义

1. 判决书

判决是审判机关依照法定程序对案件进行实体审理以后，根据认定的案件事实和适用的实体法规定对当事人之间权利义务关系作出的权威性判断。作为执行依据的判决书，必须是程序终局、效力确定、内容明确、适于法院执行的书面法律文书。作为执行名义的判决书主要包括具有给付内容的民事判决书、行政判决书和刑事判决书。

2. 裁定书

裁定是指人民法院为处理诉讼案件中的各种程序性事项所作出的具有法律约束力的结论性判定，如不予受理的裁定、对管辖权异议的裁定、财产保全的裁定、中止或终结执行的裁定、不予执行仲裁裁决的裁定、不予执行公证机关赋予执行效力的债权文书的裁定等。作为执行名义的裁定主要有：

（1）保全裁定书。保全裁定是指审判机关对于可能因当事人一方的行为或其他原因，使判决不能执行或难以执行的案件，或者因情况紧急，不立即采取保全措施将会使当事人的合法权益受到难以弥补的损害的案件，根据对方当事人的申请或者依照职权，作出禁止一方当事人处分其财产的一种裁断。依其内容不同，保全裁定包括财产保全裁定和证据保全裁定两种。

（2）先予执行裁定书。先予执行裁定是指审判机关基于一方当事人的请求，对于法律规定的某些案件，作出的由被告先行给付一定金钱、财物或先为一定行为或不为一定行为的裁断。保全裁定和先予执行裁定均以保全执行为目的，法律规定应由申请人提供担保的，应在请求人提供担保以后才能开始执行。同时，保全裁定和先予执行裁定可因被执行人提供担保而免予或撤销执行。

（3）承认和执行外国法院判决、外国仲裁机构仲裁裁决的裁定书。承认和执行外国法院的判决、外国仲裁机构的仲裁裁决的裁定本身并不包括实体内容，所以不能单独作为执行名义。同时，外国法院的判决、外国仲裁机构的仲裁裁决，没有本国法院作出的承认和执行该判决或该裁决的裁定又不能发生法律效力，所以，外国法院的判决或外国仲裁机构的仲裁裁决，只有与本国法院承认和执行该判决或该裁决的裁决相结合，才能成为执行名义。

（4）查封或扣押被告人财产的裁定书。在刑事附带民事诉讼中，审判机关在必要时，可以裁定查封或扣押被告人的财产，以保障判决的顺利执行。此种查封或扣押被告人财产的裁定书，也可作为执行机关采取强制执行措施的依据，即可成为执行名义。

3. 调解书

调解书是指有关机关根据双方当事人就民事权益之争议平等协商所达成的协议，并在其职权范围内制作的具有法律效力的文书。根据我国法律规定，调解是我国法院审理民事案件、刑事附带民事案件的附带民事部分、行政附带民事案件的附带民事部分、行政赔偿案件，仲裁机构处理民商事案件的一种结案方式，调解书与判决书、仲裁裁决书具有同等的法律效力。所以，调解书可以成为执行名义，由法院依法强制执行。

4. 支付令

支付令是人民法院根据债权人的申请，向债务人发出的督促其限期清偿债务的法律文书。根据法律规定，债务人在法定期限内既不提出异议又不履行支付令的，债权人可以向法院申请强制执行。由此可见，支付令一旦生效，就与生效判决一样具有执行力，可以成为执行名义。

5. 决定书

能够作为执行名义的决定书主要是法律规定由行政机关作出的行政处理决

定书和行政处罚决定书。另外还有人民法院在审理、执行民事、行政、刑事案件中，对妨害诉讼（或执行）行为人作出的制裁决定书。

6. 仲裁裁决书

仲裁裁决书是仲裁机构根据当事人之间达成的仲裁协议，在对案件进行实体审理的基础上，对当事人之间的实体权利义务关系作出的终局性判断文书。

7. 公证债权文书

公证债权文书是公证文书的一种，是指公证机关对于追偿债款、物品的文书，认为无疑义的，在该文书上证明有强制执行效力的公证文书。根据我国有关法律法规的规定，公证机关依法赋予强制执行效力的债权文书可以申请法院执行，受申请的法院应当执行。也就是说，公证机关依法赋予强制执行力的债权文书可以成为执行名义。

三、法院执行名义的法律效力

（一）执行名义法律效力的表现形式

1. 执行名义法律效力的来源

执行名义的法律效力是国家法律的效力的延伸。国家的法律之所以具有效力，是因为它有国家强制力作为坚强的后盾。换言之，法律产生效力的根本来源是国家强制力。同样，执行名义产生法律效力的根本来源也是国家强制力。国家为了禁止私力救济，实行公力救济，设立了确定权利的审判程序和实现权利的执行程序。即以公权力为后盾对当事人之间的权利纠纷进行裁决，并在一定条件下强制性地执行其作出的裁决，实现权利人的权利。国家以强制力实现裁决所确定的权利，给执行名义赋予了强大的动力，形成了执行名义的作用力。

执行名义的法律效力不仅要以国家强制力为后盾，还必须以自身的合法性为基础。即执行名义的形成过程符合程序法的规定，其内容符合实体法的规定，形式符合相关法律规定。否则，它将失去生效的基础，没有法律效力。

2. 执行名义法律效力的表现形式

从形式上看，执行名义的法律效力总是表现为一种作用力，也就是使受该执行名义规制的人和事受到某种影响与制约。这种作用力又有多种具体形态，一般称之为执行名义法律效力的表现形式。

一般来说，对执行名义指明的权利人来说，执行名义法律效力主要是赋予力，即赋予权利人做出或不做出某种行为（即请求或不请求执行）的权利，而且该权利受国家强制力的支持与保护；对执行名义指明的义务人来说，执行名义的法律效力主要表现为约束力，即约束其必须做出或不得做出某种行为（即履行执行名义确定的义务），否则要受到国家强制力的制裁。但是，执行名义在赋予权利人以权利的同时，也对权利人具有约束力，即权利人只能在执行名义确定的实体权利范围内行使请求权，并遵守执行名义规定的其他给付条件，否则不受国家强制力保护。在规定义务人必须做出或不得做出某种行为的同时，也赋予其一定的权利，即如果权利人的请求或执行机关的执行行为不符合执行名义，义务人有权提出异议，并得到国家权力的支持与保护。所以，执行名义的法律效力往往是赋予力与约束力的结合，是一种复合性的作用力。

执行名义不仅对其指明的当事人具有赋予力和约束力，而且对执行机关及其工作人员、一定范围内的其他人员也会产生作用力。一是对执行机关来说，通过执行名义，执行机关得以行使强制执行的职权，同时其执行行为受执行名义所确定的标的、范围和数量的约束。如果执行机关行使执行职权的行为受到阻却，可以得到国家强制力的支持与保护，如果执行机关不履行或不依法履行强制执行的职责，权利人可以通过司法途径寻求救济。二是对一定范围内的其他人员来说，如果该其他人员在执行名义成立后成为执行名义指明的当事人的继受人，也会受到执行名义法律效力的作用力的影响，即被赋予权利或被规定义务。

（二）执行名义法律效力的范围

执行名义的法律效力是一种具体的作用力，它总是在一定的范围内发挥其影响与制约作用。执行名义的作用力所传送的范围，就是执行名义法律效力的范围，也称为执行名义的时间效力、空间效力、对人效力和对事效力。

1. 时间效力

执行名义的时间效力，就是执行名义在什么时间范围内有效。即权利人在什么时间范围内可以依执行名义请求执行机关采取强制执行措施。

从各国的立法实践来看，对于执行名义时间效力的规定，主要有两种方法。一种是在诉讼法或执行法中对权利人申请执行的期限直接作出限制性规定。如我国《民事诉讼法》第二百一十五条规定：“申请执行的期间为二年。申请执行时效的中止、中断，适用法律有关诉讼时效中止、中断的规定。前款规定的期间，从法律文书规定履行期间的最后一日起计算；法律文书规定分期履行的，从规定的每次履行期间的最后一日起计算；法律文书未规定履行期间的，从法律文书生效之日起计算。”另一种是诉讼法或执行法对申请执行的期限不作直接规定，而是适用实体法的消灭时效制度。如我国“台湾民法”第一百二十五条规定，“请求权，因十五年间不行使而消灭。但法律所定期间较短者，依其规定。”

2. 空间效力

执行名义的空间效力也称地域效力，是指执行名义在什么土地范围内有效。从法理学的角度看，空间效力一般分为域内效力和域外效力两个方面。

执行名义的域内效力是由国家主权中的对内统治权决定的，是无可置疑的。域外效力是指执行名义的效力及于一国领域之外，包括他国领域、公海和公共空间。目前，在私法领域，各国立法都在尽力扩大本国法律（包括裁决）的域外效力，同时限制外国法律（包括裁决）在本国的效力。这种采取双重标准的做法显然易于造成不可避免的冲突与矛盾。从各国目前的立法实践来看，一般的做法是，对于本国执行名义的域外效力不作明确规定，而对外国执行名义在本国的效力进行明确限制。

3. 对人效力

执行名义的对人效力，也称执行名义效力的主观范围，是指执行名义效力所及之人的范围，包括自然人以及法人、国家机关、社会组织等。执行名义的对人效力范围是普遍性的，即在一国法律有效的范围内，该国的执行名义对所有人都具有效力。

（1）对当事人的效力。执行名义的直接适用对象就是其所指明的当事人，即权利人和义务人，当事人自然要受执行名义的影响和制约。

（2）对执行机关的效力。执行名义是国家有权机关根据法律对当事人之间的实体权利义务关系作出的裁判，从某种意义上说，执行名义法律效力是国家法律效力的延伸，执行名义对人的效力及于该国法律有效范围内的所有人，执行机关自然不能被排斥在外。通过执行名义，执行机关得以对一定对象、在一定范围内行使强制执行的职权，并履行依法执行的职责；执行机关依照执行名义采取执行措施，受国家强制力的支持与保护，若违背执行名义采取执行措施或者不履行执行职责，则要承担相应的法律后果。

（3）对当事人之外的其他人的效力。既然执行名义对人的效力具有普遍性，它对当事人之外的其他人当然也是有效力的。而且，在一定条件下，当事人之外的其他人还会进入执行名义的适用范围，成为执行名义的规制对象。

a. 当事人的继受人。所谓继受人，是指裁决或其他执行法律文书确定以后，承受当事人地位的人。继受人又可分为两种：一种是一般继受人，即因当事人死亡或法人资格消灭而继受其权利义务的人，如债权人或债务人的继承人，公司合并或分立后承受其权利义务的人等。另一种是特定继受人，即因某些特定的法律行为而承受诉讼标的物的人，如判决确定后，被告以法律行为将讼争的房屋所有权移转于第三人，该第三人就是被告的继受人。但是，受实体法保护的特定继受人不能成为执行依据的适用对象，不受强制执行。

b. 为当事人或其继受人占有执行标的物的人。执行名义确定后，为当事人或当事人的继受人占有执行标的物的人，应受执行名义的拘束。

c. 名义诉讼的利害关系人。为了他人的权益以自己的名义进行诉讼，所作确定判决的执行力，除了对当事人有效外，还及于该权益的真正主体及其继受人、执行标的物的占有人。如遗产管理人或遗嘱执行人就遗产进行诉讼，其所受判决的效力及于该遗产的继承人；被选定的诉讼当事人为全体共同利益人进行诉讼，其所受的判决对于其他共同利益人也有效力；代位人进行诉讼，其所受的判决对于被代位人也有效力，等等。同时，上述继承人、其他共同利益人、被代位人等的继受人以及为了他们的利益而占有执行标的物的人，均受执行名义执行力的拘束。

4. 对事效力

执行名义的对事效力是指执行名义对哪些事项有效。如民事执行名义，一般具有给付内容，即只有给付事项才能强制执行，不是以给付事项为内容的法律文书，不能成为执行名义。具体来说，民事执行名义对下列给付事项有效：

（1）以给付金钱或可变为给付金钱的事项；

（2）交付财产或物品的事项；

（3）作出某种行为的事项；

（4）不作出或容忍他人作出某种行为的事项。

（三）执行名义法律效力的限制与消灭

1. 执行名义法律效力的限制

（1）执行名义附有条件。裁决机关根据当事人之间实体权利义务关系的具体情况，在裁决文书中确定义务人在一定条件下对权利人履行某种给付，该条件在执行中就成为执行名义的条件。执行名义附有条件意味着义务人履行义务的行为是一种附条件的法律行为。

执行名义所附的条件可分为两种：一种是停止条件，一种是解除条件。停止条件是限制执行名义法律效力发生的条件，即在条件成就时执行名义发生法律效力，条件不成就时执行名义就不发生法律效力。解除条件是限制执行名义法律效力消灭的条件，即条件成就时执行名义的法律效力消灭；条件不成就时执行名义的法律效力继续存在。

限制执行名义法律效力的条件主要包括两种情况：

第一，执行名义规定有对待给付的内容。对待给付就是当事人之间有相互给付的义务，一方要求另一方履行给付时，也有义务向对方履行给付。执行名义规定有对待给付的，应在权利人已为对待给付后才能开始强制执行。权利人是否已为给付，应由权利人自己举证，由执行机关进行形式审查。如果当事人之间因对待给付发生实体争议，应由当事人以异议之诉以求确定。

第二，执行名义规定权利人提供担保。为了保护义务人的合法权益，一些临时性强制执行的执行名义往往要求权利人提供担保，否则不予执行。执行名义规定须由权利人提供担保的，应在担保后开始执行。

（2）执行名义附有期限。执行名义附有期限是指在执行名义中规定义务人履行义务的期限，在该期限届至后才能开始强制执行。执行名义附有期限，实质上是执行名义的内容是附期限的法律行为。

附期限有附始期和附终期之分。附始期就是期限届至时执行名义发生法律效力；附终期则是期限届至时执行名义丧失法律效力。但是，执行名义发生法律效力的始期和终期与执行名义中规定的义务人履行义务的始期或终期又有所不同。限制执行名义法律效力的附期限一般为附始期。因为当终期届至时，当事人之间的法律关系就应消灭，执行名义的法律效力至此终结，债权人的实体请求权也因之丧失。因此，终期一般是执行名义法律效力消灭的条件。

权利人请求对附期限的执行名义执行时，应由权利人对期限已届至作必要的举证，由执行机关作形式审查，若不能举证，执行机关应裁定驳回权利人的执行请求。

2. 执行名义法律效力的消灭

(1) 消灭的原因。执行名义法律效力消灭的原因主要有以下情形：

a. 执行名义已执行完毕；

b. 当事人达成执行和解并已根据新的和解协议执行完毕；

c. 原执行名义经依合法程序重新作出的裁决废弃或变更，原执行名义丧失其作用力；

d. 执行名义所附的解除条件成就或终期届至；

e. 超过申请执行期限；

f. 执行名义丧失其存在依据。

(2) 消灭的后果。执行名义的法律效力消灭以后，产生以下后果：

a. 不得开始执行；

b. 已进行的执行行为无效；

c. 义务人可以依新的执行名义请求执行回转或主张权利。

学习任务二　法院执行名义的审查

一、执行名义的要件

执行名义在形式上表现为法律文书，但并非所有的法律文书都是执行名义。法律文书要成为执行名义，必须符合一定的条件或具备一定的要素，这些条件或要素，在法律上称为执行名义的要件。

（一）形式要件

形式要件是执行名义在形式上应具备的要素或应达到的要求。

1. 执行名义必须是公文书

执行是执行机关运用国家公权力强制义务人履行义务的行为，它只能以法定有权机关制作的公文书为依据。不是国家职能部门和单位在法定的权限范围内，依职权作出的文书，都不能成为执行机关采取强制执行措施的依据。公文书是执行名义的基本形式要件。

2. 执行名义须指明权利人与义务人

执行名义必须有特定的义务人，执行机关才有行使国家强制力的对象；同时必须有特定的权利人，执行所得结果才有归属。执行名义所指明的权利人和义务人必须特定化，以利于执行机关迅速确认并及时采取强制执行措施。但是在一些特殊情况下，如果依客观情况能够推断出权利人，执行名义也可以不指明具体的权利人，如补交费用的裁定、对证人等科以罚款的决定等。

3. 须表明应执行的事项

执行机关采取执行措施，只能以执行名义为根据，所以执行名义必须具体表明应执行的事项。应执行的事项以法律文书确定的为准，法律文书规定不明确的，应根据上下文作出判断，在此基础上仍不能表明执行事项的，则不能成为执行名义。

（二）实质要件

执行名义的实质要件是指执行名义在内容上应达到的要求或应具备的要素。

1. 法律文书已经生效

由于法律文书未生效，当事人之间的权利义务关系未最后确定，权利人与义务人的法律地位没有最后确立。所以，只有已经生效的法律文书才能成为执行名义，权利人不得以尚未生效的法律文书为名义请求执行，执行机关也不得以尚未生效的法律文书为名义采取强制执行措施。

2. 法律文书具有执行力

作为执行名义的法律文书不但必须已经生效，而且必须表明其可由执行机关强制执行，即该法律文书必须具有执行力。执行力是指在一定条件下，权利人可以请求享有国家执行权的机关采取强制执行措施，迫使拒不履行生效法律文书确定义务的义务人履行义务的效力。执行力是裁决效力的一种，它是国家为了实现公力救济而赋予裁决的一种强制性效力，是国家强制权力的体现。

执行力是执行名义必不可少的内容，没有执行力，法律文书就不能成为执行名义。执行名义的执行力是通过法律规定而产生和体现的。立法者往往通过法律规定哪些法律文书可以请求强制执行、哪些法律文书不能请求强制执行，执行机关可据此确定法律文书是否具有执行力。

3. 法律文书具有执行内容

作为人民法院执行名义的法律文书，如果无执行内容，人民法院实施执行就无意义，也无法着手执行。法院执行内容一般是特定的给付，即命令义务人交付一定的财物、给付一定的金钱或作出、不作出一定的行为。给付的范围必须明确具体。

4. 法律文书的内容必须合法且适于强制执行

内容合法是指法律文书确定的内容及需执行的事项或程序不得违反法律的强制性或禁止性规定，不得违背社会公共秩序或善良风俗，否则都不能成为执行名义。而且，法律文书作成时内容合法，依请求执行时的法律内容又不合法的，也不能成为执行名义。

内容适于强制执行，是指法律文书具有执行效力，属于执行范围，执行机关能够通过采取强制措施迫使义务人履行义务。

执行名义的要件，是执行名义成立必须具备的条件。形式要件和实质要件必须同时具备，缺一不可。

二、执行人员对执行名义的审查

依照现行法律规定，权利人提出执行请求时，执行机关只对执行名义进行形式审查，而不进行实体审查，即只要权利人具有执行名义，执行机关就可采取执行措施，而不论其实体请求权是否存在、变更或受阻却。即使事实上实体权利的数额多于执行名义所示，执行机关也不能对超过部分采取执行措施，权利人只能就超过部分另行起诉，以满足自己的实体请求权；反之，如果执行名义所表示的实体请求权，在执行时已不存在、部分不存在或者受阻却，执行名义的执行力也并非当然丧失，执行机关据以执行时并不构成程序违法。对于基于执行名义的不当的执行，如执行名义已消灭、变更或具有其他阻却权利人请求的事由，在执行终结前，义务人可以提出异议或异议之诉，并在起诉后请求裁定中止执行；在执行终结以后，义务人可以依不当得利或损害赔偿另行起诉，以求救济。

【思考题】

1. 执行名义的概念和特征是什么？
2. 有效的执行名义应满足哪些条件？
3. 有效的执行名义在法律上有哪些效力？
4. 如何识别执行名义的法律效力？
5. 请你根据现行法律制度列举出可作为执行名义的法律文书。

学习单元三　民事执行基本理论（上）

【学习目的与要求】

了解民事执行的涵义、特征与执行依据，知道民事执行的标的和执行管辖的确定，掌握民事执行的程序，能够根据具体执行标的依法采取执行措施。

【学习重点】

民事执行的依据；民事执行标的；民事执行程序；财产的调查方法；民事执行措施的种类、适用对象与适用程序

学习任务一　民事执行

一、民事执行的涵义

民事执行是当债务人拒不履行执行依据确定的民事义务时，人民法院运用国家公权力，依法采取民事执行措施，迫使债务人履行义务，实现执行依据所确定的内容的法律活动。义务人拒不履行生效法律文书确定的义务，不仅损害了权利人的合法权益，同时也是对国家法律的一种藐视，损害了法律的尊严和权威，是对法益的一种侵害，因此必须由国家强制力来保障法律文书内容的实现。

二、民事执行的特征

从案件的内容看，强制执行包括了民事案件的强制执行、行政案件的强制执行和刑事案件的强制执行。这三类案件的强制执行既有共同的特征，如都具有强制性、必须严格依法执行等，同时根据案件性质的不同，又有各自独特的特征。民事执行的特征主要有：

（1）执行机关只能是人民法院。强制执行是在义务人拒不履行生效法律文书规定的义务时，由国家机关通过法定程序，强制义务人完成义务的公法行为，具有极强的潜在危害性。因此，执行权的授予、权力行使的程序规则和对当事人的救济等都必须由国家法律予以明确规定。根据我国法律的规定，人民

法院是唯一被赋予民事执行权的国家机关，其他任何国家机关、社会团体和组织都无权强制民事义务人履行义务。

（2）民事执行的依据只能是解决民事纠纷形成的生效法律文书，具体包括人民法院制作的民事判决、裁定、决定、调解书、支付令，仲裁委员会作出的仲裁裁决和调解书（包括劳动仲裁委员会作出的仲裁裁决和调解书、农村土地承包仲裁委员会作出的生效仲裁裁决和调解书）以及公证机关依法作出的有强制执行效力的公证债权文书。①

（3）执行的对象只能是财产和行为。民事权利义务关系的客体是财产和行为，发生侵权或违约行为时，法律规定承担民事责任的方式包括赔偿损失、交付财产或物品、支付违约金以及履行或不得履行某种行为。因此，以实现生效民事法律文书内容为目的的执行行为，其执行的对象也只能是财产和行为，不能以对义务人人身的执行替代对财产和行为的执行。发生妨害执行行为时，人民法院可以对妨害行为人处以拘传、拘留等强制措施，但此时是对行为人的妨害行为处以的制裁，并不是以强制措施的实施替代了对财产或行为的执行。

（4）执行程序的启动以申请为主，移送为辅。民事纠纷的显著特征就是当事人对自己的民事权利具有处分权，包括在救济程序上可以放弃自己的程序权利。因此，作为保护权利人合法权益的强制执行程序，在程序的启动、进行和结束上，也应当注意尊重当事人的意思自治，由债权人主动申请执行。对于一些特殊类型的案件，人民法院可以由审判庭移送执行机构执行。②

三、民事执行的依据

权利人为了强制实现自己的私权，必须先取得一种文书，以证明自己享有私权及其私权的范围，并显示其可执行性，才能向执行机关请求实施强制性的执行措施。这种确定债务人所负给付义务的具体内容，并能由执行机关据以发动民事执行的文书，在法律上称为“民事执行依据”，或“民事执行名义”。

---

① 《中华人民共和国劳动法》第八十三条规定：“劳动争议当事人对仲裁裁决不服的，可以自收到仲裁裁决书之日起15日内向人民法院提起诉讼。一方当事人在法定期限内不起诉又不履行仲裁裁决的，另一方当事人可以申请强制执行。”《中华人民共和国农村土地承包经营纠纷调解仲裁法》第四十八条规定：“当事人不服仲裁裁决的，可以自收到裁决书之日起三十日内向人民法院起诉。逾期不起诉的，裁决书即发生法律效力。”第四十九条规定：“当事人对发生法律效力的调解书、裁决书，应当依照规定的期限履行。一方当事人逾期不履行的，另一方当事人可以向被申请人住所地或者财产所在地的基层人民法院申请执行。受理申请的人民法院应当依法执行。”

② 《最高人民法院关于人民法院执行工作若干问题的规定（试行）》（以下简称为《执行规定》）第十九条规定：“生效法律文书的执行，一般应当由当事人依法提出申请。发生法律效力的具有给付赡养费、扶养费、抚育费内容的法律文书、民事制裁决定书，以及刑事附带民事判决、裁定、调解书，由审判庭移送执行机构执行。”

作为执行机关采取执行措施的唯一依据，民事执行依据须指明债务人应为特定给付并确定给付的具体范围。根据《民事诉讼法》第二百零一条和有关法律规定，可作为民事执行依据的法律文书有：

（1）人民法院作出的、已经生效的、具有给付内容的民事判决书、裁定书[①]、调解书和支付令；

（2）人民法院就刑事附带民事方面制作的判决书、调解书；

（3）对其他组织、机构制作的调解协议人民法院所作的确认决定；

（4）人民法院作出的强制措施的决定书；

（5）我国仲裁机构作出的仲裁裁决书和调解书；[②]

（6）公证机关依法赋予强制执行效力的关于追偿债款、物品的债权文书；

（7）经人民法院裁定承认其效力并签发执行令的外国法院作出的发生法律效力的判决书、裁定书，国外仲裁机构作出的仲裁裁决书；

（8）法律规定由人民法院执行的其他民事方面的生效法律文书。

四、民事执行标的

民事执行标的就是执行机关实施民事强制执行行为所指向的对象，它包括财产和行为两个方面。

1. 财产

财产作为一种民事执行标的，除物之外，还包括各种财产性权利。作为民事执行标的的财产，必须是归债务人所有或受债务人支配并适于强制执行的财产，具体包括：（1）债务人现有的财产。凡在开始执行时属于债务人所有或受其支配的财产，除法律规定不得对其执行或性质上不适于强制执行的以外，均可以成为民事执行标的，债权人均可请求对其强制执行。（2）债务人可取得的财产。债务人将来可取得的财产其实是一种财产性权利，一般认为，只有那些只要债务人作出意思表示就能取得的财产，如到期债权，才能成为执行标的。（3）债务人非法处分的财产。债务人为了逃避债务或执行，与第三人恶意串通为虚假意思表示非法处分财产的，该处分行为无效，其处分的财产仍可成为执行标的。

---

① 人民法院制作的可成为执行依据的裁定书包括财产保全裁定、证据保全裁定、先予执行裁定、执行回转裁定、人民法院根据抵押权人申请对抵押物作出的拍卖、变卖裁定书以及维持原判的裁定（须与原判决一道才能成为执行依据）、承认和执行外国法院判决和外国仲裁机构仲裁裁决的裁定、认可香港、澳门特别行政区以及台湾地区的民事判决、裁定和仲裁机构仲裁裁决的裁定。

② 可以作为强制执行依据的仲裁裁决和调解书包括根据《仲裁法》设立的仲裁委员会作出的裁决和调解书，也包含了根据《劳动争议调解仲裁法》和《农村土地承包经营纠纷调解仲裁法》分别设立的劳动仲裁委员会和农村土地承包仲裁委员会作出的裁决和调解书。

依照有关法律规定，下列财产不得成为执行标的：

（1）法律上规定不得强制执行的财产。法律规定不得强制执行的财产，不能成为执行标的，执行机关不得对其采取强制执行措施。具体包括：实体法上禁止让与、查封的财产，如土地、矿藏等；程序法上禁止查封的财产，如保障债务人及由其抚养的家属生存的生活必需品，已被依法查封的财产等。

（2）性质上不适于强制执行的财产。在性质上不适于强制执行的财产，不能成为执行标的，执行机关不得对其采取强制执行措施。主要有专属于债务人所有的财产如被执行人所得的勋章及其他荣誉表彰的物品，以及不准流通的物品如违禁品、毒品、淫秽物品等。

2. 行为

行为是当事人作为或不作为的法律事实。作为执行标的的行为是债务人履行义务的行为，也是适于强制执行的行为。它包括以下两种：（1）作为。也称为积极的行为，即主体以积极的方式作出某种行为。根据作为是否可由他人替代完成，又分为：可以替代的作为，如完成一般性的劳务给付等；不可替代的作为，如完成定作等。（2）不作为。不作为就是债务人不得作出某种特定的行为，不作为能否成为执行标的，学界有不同的看法。我国台湾省的学者认为不行为能作为执行标的，但我国大陆学者在谈到执行标的时，极少有将不行为作为执行标的的。[①]

学习任务二　民事执行管辖

民事执行管辖是指上下级人民法院之间以及同级人民法院之间受理民事执行案件的分工和权限。根据受理法院的确定是由法律直接规定还是人民法院以裁定方式确定，可分为法定管辖和裁定管辖。

一、民事执行的法定管辖

划分民事执行管辖的依据是执行依据。执行依据不同，执行法院也不同。根据《中华人民共和国民事诉讼法》（以下简称为《民事诉讼法》）、《最高人民法院关于适用〈中华人民共和国民事诉讼法〉若干问题的意见》（以下简称为《民事诉讼法适用意见》）和《最高人民法院关于人民法院执行工作若干问题的规定（试行）》（以下简称为《执行规定》）的规定，执行管辖主要有以下几种情况：

（1）发生法律效力的民事判决、裁定，以及刑事判决、裁定中的财产部

① 谭秋桂：《民事执行原理研究》，中国法制出版社 2001 年版，第 216 页。

分，由第一审人民法院或者与第一审人民法院同级的被执行的财产所在地人民法院执行。[1]

（2）支付令、执行回转、先予执行和财产保全的裁定书以及强制措施的决定书，由制作该支付令、裁定书或决定书的人民法院管辖。[2]

（3）仲裁机构作出的仲裁裁决书、调解书，公证机关依法赋予强制执行效力的公证债权文书，由被执行人住所地或被执行的财产所在地人民法院执行，其级别管辖，参照各地法院受理诉讼案件的级别管辖的规定确定。

这类执行依据，通常是由被执行人住所地或者被执行的财产所在地基层人民法院执行；如果执行标的较大，也可以由中级人民法院执行；涉外仲裁机构作出的生效裁决书如果需要执行的，由被执行人住所地或者被执行的财产所在地中级人民法院执行。

（4）人民法院制作的承认和执行外国法院判决、裁定或者外国仲裁机构裁决的裁定书和执行令，由作出该裁定书和执行令的中级人民法院执行。

当事人申请承认和执行外国法院判决、裁定或者外国仲裁机构裁决，应当向被执行人住所地或者被执行的财产所在地中级人民法院申请，该法院受理当事人的申请后，认为不违反我国法律的基本原则或者国家主权、安全、社会公共利益的，裁定承认其效力，需要执行的，发出执行令。

二、民事执行的裁定管辖

当事人应当根据法律的规定向有管辖权的法院申请执行，否则，人民法院不予受理。人民法院应当根据管辖的立法规定行使管辖权，否则即是逾权的违法行为。但是，法律规定在特殊情况下人民法院可以以裁定的方式确定执行案件的受理法院，这就是执行的裁定管辖，它包括指定执行和提级执行两种情形。

（一）指定执行

指定执行是指上级人民法院因某种原因，通过转移执行管辖权而将某一执行案件指令本辖区内的其他下级人民法院执行。指定执行，一般是因为有执行管辖权的法院在执行过程中，遇有难以克服的阻力，使案件难以执行，或者是有执行管辖权的执行法院，怠于行使执行权，使案件久拖不执、久执不结，而采取的转移执行管辖权，由其他人民法院执行的一种执行方式。执行过程中适

---

① 人民法院制作的调解书或者在审理中达成的调解协议与判决具有同样效力，应当由一审法院或与之同级别的财产所在地法院管辖。

② 抵押权人直接向人民法院申请拍卖、变卖的裁定以及确认其他组织、机构制作的调解协议效力的立案管辖、执行管辖仍需等待司法解释的明确。

用指定执行应当同时具备下列条件：

第一，被执行人有履行能力。被执行人有履行能力是案件得以执行的基本条件。指定执行要解决的是执行主观不能，而非客观不能。

第二，案件届期未能执结。执行案件一般应在立案后六个月的法定执行期限内执行完毕。因特殊原因经批准可以延长期限，但最长不应超过一年六个月。

由于执行管辖权转移的形式有两种，即上级人民法院决定转移和下级人民法院报请转移，而这两种形式均可以指定执行，因而指定执行的程序也就可以分为两种。

1. 报请执行管辖权转移的指定执行程序

（1）下级人民法院向上级人民法院提交报请执行管辖权转移的书面报告，并随附执行案卷；（2）上级人民法院审查，符合执行管辖权转移及指定执行条件的，裁定指定执行，不符合条件的，通知退回下级人民法院；（3）上级人民法院将指定执行的裁定送达报请转移的下级人民法院和被指定执行的下级人民法院；（4）报请转移的下级人民法院将指定执行的情况告知有关当事人；（5）上级人民法院将执行案卷移交被指定执行的下级人民法院。

2. 决定执行管辖权转移的指定执行程序

（1）上级人民法院作出指定执行裁定并送达有关下级人民法院；（2）下级人民法院接到裁定后，将执行案卷全部移送至上级人民法院，并告知当事人；（3）上级人民法院将执行案卷移交给被指定执行的下级人民法院。

上级人民法院作出指定执行裁定后，原执行法院不再享有该案的执行管辖权，不得对该案继续执行，原案件可以作结案处理。但是，原执行法院在指定执行之前所采取的执行措施仍然合法有效。依指定执行取得案件执行管辖权的人民法院，应立案执行。除无需再发执行通知书外，适用《民事诉讼法》和有关司法解释关于执行程序的规定。原执行法院在执行管辖权转移后，应将预收的执行费用转交给依指定执行取得案件执行管辖权的人民法院，并应协助该人民法院执行。

【注意】

上级人民法院可以根据实践需要，组织本辖区内的多个下级人民法院交叉对指定执行案件集中在同一时间进行执行，这种方式叫交叉执行，是指定执行的一种衍生形式。

（二）提级执行

提级执行是指上级人民法院因某种原因，通过转移执行管辖权将某一执行案件由原下级法院执行提升为自行执行。凡是上级人民法院决定提级执行的案件，下级人民法院不得拒绝；而下级人民法院报请上级人民法院执行的案件，必须首先征得上级人民法院的同意，否则，不得转移该案件的执行管辖权。提级执行适用条件与指定执行条件一样。提级执行一般适用于案情重大、疑难、复杂的案件，或者被执行人为原执行法院同级别的党政机关、部门以及本辖区内的重点企事业单位的案件。

提级执行的程序根据管辖权的转移是下级报请还是上级法院决定而有所不同：

1. 报请执行管辖权转移的提级执行程序

（1）下级人民法院向上级人民法院提交报请执行管辖权转移的书面报告，并随附执行案卷；（2）上级人民法院审查，符合执行管辖权转移及提级执行条件的，裁定提级执行，不符合条件的，通知退回下级人民法院；（3）上级人民法院将提级执行的裁定送达报请转移的下级人民法院；（4）报请转移的下级人民法院将提级执行的情况告知有关当事人。

2. 决定执行管辖权转移的提级执行程序

（1）上级人民法院作出提级执行裁定，并送达有关下级人民法院；（2）下级人民法院接到裁定后，将执行案卷全部移送至上级人民法院，并告知当事人。

上级人民法院作出提级执行裁定后，原执行法院不再享有该案的执行管辖权，不得对该案继续执行，原案件可以作结案处理。但是，原执行法院在提级执行之前所采取的执行措施仍然合法有效。原执行法院在执行管辖权转移后，应将预收的执行费用转交给上级人民法院，并应配合做好相关工作。

学习任务三　民事执行程序

民事执行程序是民事案件从立案、采取执行措施到执行结案的步骤、方式、方法的总称。从过程看，执行程序包括执行开始、实施、阻却和完结四个部分。

一、执行开始

执行开始即是执行程序的启动，也称为执行发动。从当事人向人民法院递交申请执行书，人民法院作出立案决定开始，民事案件就进入了国家强制执行程序。民事案件当事人对自己的民事权利包括程序权利有处分权，人民法院应当尊重并保护当事人意思自治，因此，民事执行程序应当由当事人向人民法院提出申请启动，在司法实践中，绝大多数执行案件都是因债权人提出请求而开始的。但同时，法律也赋予了人民法院根据案件情况，裁量由审判机构将案件直接移送执行机构启动执行程序的权力，这种由审判机构直接移送执行机构执行的方式叫移送执行。移送执行是执行开始的一种特殊形式，它只适用于特殊类型的案件。不论是申请执行还是移送执行，都必须满足执行发动的条件，这些条件包括：

（1）执行依据已经成立。执行依据是执行机关据以执行的依据，没有执行依据就不能发动执行程序。执行依据成立就是法律文书具备成为执行依据的各个形式要件和实质要件。

（2）执行当事人适格。只有执行依据确定的债权人和债务人及其继受人[①]才能成为执行程序的当事人，在民事执行程序中享有权利和承担义务，非债权人和非债务人不得成为民事执行主体。申请执行的人必须是执行依据中确定的债权人或其权利的继受人，申请执行人只能请求对债务人的财产或行为发动执行程序。

（3）债务人拒绝履行债务。法律文书并非一经作出就可以请求发动执行程序。如果债务人在法律文书确定的期限内自觉履行债务，生效法律文书就不可能成为执行依据，自然也就无需发动执行程序。债务人拒绝履行债务，是执行发动的法律事实条件。债务人拒绝履行债务是指债务人没有履行债务，或债务人没有在法律文书确定的期限内履行债务，或债务人没有履行全部债务。

（4）符合执行时效规定。债权人必须在法定期间内申请发动执行程序。超过申请期限的，债权人的债权成为自然债权，不能通过强制执行程序实现，也就不能发动执行程序。根据我国《民事诉讼法》的规定，申请执行的期限为两年，申请执行时效的中止、中断，适用法律有关诉讼时效中止、中断的规定。前款规定的期间，从法律文书规定履行期间的最后一日起计算；法律文书规定分期履行的，从规定的每次履行期间的最后一日起计算；法律文书未规定履行期间的，从法律文书生效之日起计算。

（5）受申请人具有管辖权。债权人必须向有管辖权的执行机关提出请求，才能发动执行程序。否则，受申请法院应裁定不予受理，执行程序不能启动。

对于债权人提出的执行请求，应由执行机关进行审查，只有执行请求全部符合上述条件的，才能启动执行，并进入民事执行程序的下一阶段。

二、执行准备与实施

执行立案后，法院执行人员要阅览案卷，制作笔录，并送达执行通知，开展财产的调查，采取执行措施等，这一系列的工作就是执行的准备与实施过

---

① “继受人”是对继承人和承受人的合称。继承人是指作为执行当事人的自然人死亡时，无偿取得其遗留的个人合法财产的人；承受人是指作为执行当事人的法人或者其他组织分立、合并或者消灭后，承受其权利义务的组织或机构。在本节中，如无特别说明，以下所称的债权人、债务人都包括他们的继受人。

程。执行准备与实施以执行机关的职权行为为主，如送达执行通知、进行财产调查、采取执行措施，并处理执行异议，最终实现债权人的权利。当然，执行实施也必须有执行当事人的参与和配合，执行当事人在执行实施中同样承担着一定的义务。在此，就执行机关的职责介绍如下：

（一）向债务人发出执行通知书

执行机关应将执行通知书在决定受理执行案件之后三日内发出，责令其在指定的期间履行，逾期不履行的，强制执行。被执行人不履行法律文书确定的义务，并有可能隐匿、转移财产的，执行员可以立即采取强制执行措施。执行员依照《民事诉讼法》第二百一十六条规定立即采取强制执行措施的，可以同时或者自采取强制执行措施之日起三日内发送执行通知书。执行通知书的内容为责令债务人在指定的期间内履行生效法律文书确定的义务，并承担迟延履行期间的债务利息或迟延履行金，以及逾期不履行义务应承担的法律后果。

（二）调查债务人的财产状况和履行能力

执行机关受理案件后，执行人员应调查了解债务人的履行能力，主要是向债务人、有关机关、社会团体、企业事业单位或公民个人查取有关债务人财产状况的证据，主要包括：属于债务人所有的财产或财产权利状况；属于债务人所有的财产所在的地点；可供执行的与不能执行的财产状况。调查的方法有：

1. 申请人提供

申请人应当向人民法院如实提供所了解到的被执行人的财产状况或线索，包括被执行人的住所或下落、被执行人的动产、不动产以及财产性权利。这既是申请人维护自身利益的一种权利，同时也是一项义务。申请人不能提供被执行人财产线索，执行法院亦未能查明被执行人有财产可供执行时，执行法院可据此认定被执行人确无财产可供执行，并可依照《民事诉讼法》第二百三十二条、第二百三十三条的规定裁定中止或终结执行程序。

2. 被执行人申报

人民法院可以向被执行人发出报告财产令，责令被执行人报告当前以及收到执行通知之日前一年的财产情况。报告财产令中应当写明报告财产的范围、报告财产的期间、拒绝报告或者虚假报告的法律后果等内容。被执行人依照《民事诉讼法》第二百一十七条的规定，应当书面报告下列财产情况：（1）收入、银行存款、现金、有价证券；（2）土地使用权、房屋等不动产；（3）交通运输工具、机器设备、产品、原材料等动产；（4）债权、股权、投资权益、基金、知识产权等财产性权利；（5）其他应当报告的财产。被执行人自收到执行通知之日前一年至当前财产发生变动的，应当对该变动情况进行报告。被执行人报告财产后，其财产情况发生变动，影响申请执行人债权实现的，应当自财产变动之日起十日内向人民法院补充报告。被执行人拒绝报告或者虚假报告的，人民法院可以根据情节轻重对被执行人或者其法定代理人、有关单位的主要负责人或者直接责任人员予以罚款、拘留。

3. 依职权进行调查

（1）向有关单位及个人调查。为查清被执行人的财产状况，执行法院可以向工商行政管理机关、税务机关等单位调查被执行人的企业登记及经营状况；向公安机关调查被执行人的户籍及家庭成员的情况；向银行、信用社或其他金融机构查询被执行人的存款情况；向房地产管理部门了解被执行人的不动产情况；向车辆管理部门查询被执行人的车辆所有情况；向其他单位及个人调查了解被执行人的其他财产状况。执行法院在依职权调查时，对调查所需的材料可以进行复制、抄录或拍照；调查涉及个人隐私、商业秘密甚至国家机密的，应当注意保密。对于手续完备拒不协助调查、执行的，执行法院可以按照《民事诉讼法》第一百零三条规定处理，即可以对单位予以罚款，对其主要负责人或者直接责任人予以罚款、拘留；并可以向监察机关或者有关机关提出予以纪律处分的司法建议。

（2）传唤询问。传唤询问是指执行法院为查明被执行人的财产状况及履行能力，责令被执行人、被执行人的法定代表人或负责人到法院接受询问的调查方法。执行过程中，对于表面上无财产可供执行的被执行人，一般情况下必须找到被执行人或其法定代表人、负责人才可能查清其财产情况和履行能力。传唤应采用传票，传票上要载明应到的时间、地点。被传唤人员经两次传唤无正当理由拒不到庭的，执行法院可采用拘传措施，强制其到庭。执行人员将被执行人传唤到庭后，询问应当围绕查明其财产状况展开。

（3）搜查。搜查是执行活动中的一项重要法律制度，正确掌握和适用搜查规定应明确以下内容：

①搜查的概念及性质。搜查是指在被执行人不履行执行依据所确定的义务并隐匿财产时，执行法院依法对被执行人人身及其住所或财产隐匿地实施搜索、查找的调查方法，也是一种强制调查措施。搜查是一项重要的执行活动，但它不是一项对财产的执行措施，而是一种调查措施，它是执行法院依法拥有的财产调查的重要方法之一。

②搜查的适用条件。根据《民事诉讼法》和有关司法解释的规定，搜查必须符合以下条件：

一是执行依据所确定的履行期限已经届满。只有当执行依据确定的履行期限已届满的情况下，才产生被执行人是否履行义务、申请执行人是否需要申请执行、执行法院可否执行的问题。二是被执行人不履行执行依据所确定的义务。这既是执行程序启动的前提条件，亦是执行法院采取搜查措施的前提条件。三是执行法院认为被执行人有隐匿财产的行为。只有被执行人有隐匿财产的可能性时，才能进行搜查。如经债权人查报、其他人举报、执行法院查证，或执行法院有其他合理依据认为被执行人有隐匿财产的行为时，即可决定搜查。

③搜查的范围。执行法院可以对被执行人人身以及被执行人的住所、财产隐匿地等处所进行搜查，具体包括：一为对被执行人人身进行搜查。执行法院如认为被执行人很可能随身携带有可供执行的财产或相关证据材料的，如现金、存折、有价证券、金银首饰等，可决定对其人身予以搜查。二为对被执行人的住所进行搜查。被执行人的“住所”包括其经常居住的地点及临时居住的处所，如法定住所、经常居所、旅馆房间、工地住宿处、临时租住、借住处等。三为对财产隐匿地进行搜查。包括被执行人住所以外的事务所、营业所、仓库及其他可能隐匿财产的处所。被执行人的财产存放在第三人处的，应当按照对第三人的有关规定执行，而不得以第三人住所系财产隐匿地为由径行采取搜查措施。

④搜查的程序。由于搜查措施涉及公民的基本权利，因此搜查必须严格依照法定程序进行，根据《民事诉讼法》及有关司法解释规定，搜查的程序主要包括：

第一，签发搜查令。执行法院决定采取搜查措施的，必须由院长签发搜查令，然后才能实施搜查。

第二，通知有关人员到场。搜查对象是公民的，应当通知被执行人或其成年家属以及基层组织派员到场；搜查对象是法人或其他组织的，应通知法定代表人或主要负责人到场，有上级主管部门的，也可通知主管部门有关人员到场。被通知人员拒不到场的，不影响搜查。

第三，实施搜查。搜查时，搜查人员必须按规定着装并出示搜查令和身份证件。向被搜查人及其他相关人员宣读搜查决定，告知其相关配合义务、应遵守的纪律及拒不配合或妨碍搜查的法律后果，并要求被搜查人在搜查令上签字；宣布实施搜查，责令其他无关人员退出搜查现场；搜查妇女身体的，应当由女执行人员实施。对被执行人可能存放隐匿财物及有关证据材料的处所、箱柜等，应责令被执行人开启，被执行人拒不配合的，执行人员可强制开启。被搜查人不在现场的，也可强制开启；强制开启可请专业人士，尽量避免造成财产损失，确保人员安全。

第四，制作搜查笔录。搜查时，执行法院应对到场人员、搜查过程、搜查结果作出详细记录，并由搜查人员、被搜查人员及其他在场人员签名或盖章。拒绝签名或盖章的，应在搜查笔录中写明情况。

第五，开列查获财产清单。在搜查中发现应当依法查封、扣押、交付的财产，执行法院应当开列查获财产清单，并立即采取相关措施。需立即采取查封、扣押、交付等执行措施的，应按有关法律规定程序和要求办理。财产清单由在场人签名或盖章后，交被执行人一份，被执行人是公民的，亦可交其成年家属。

第六，搜查完毕。撤离搜查现场时注意检查携带的文书、证件、装备、扣押的物品等，避免将有关物品遗忘在搜查现场。

⑤搜查应注意的问题。执行法院在实施搜查过程中，为使搜查顺利进行并达到预期的效果，应当注意以下问题：

第一，要做好准备工作。执行法院应事先掌握被执行人的住所、财产所在地的具体地点及周围地理状况，做到心中有数；对与案件有密切关系的案外人或被执行人的家庭成员状况应予了解。为防止搜查中发生突发性事件，可在采取搜查措施前与被执行人谈话，进行法制宣传教育。

第二，采取搜查措施要有明确人员分工，做到职责分明。为保证搜查能够有条不紊地进行，在具体实施搜查时要有执行人员专人负责指挥，有专人负责搜查，有司法警察专门负责警卫。司法警察应密切注意被执行人及其家属的动态，禁止无关人员进入搜查现场，以防止暴力干扰搜查事件的发生，维护搜查现场秩序。不听劝阻的，执行法院可依照《民事诉讼法》第一百零二条的规定处理。

第三，搜查时要注意语言文明、行为规范。搜查措施涉及公民的基本权利，搜查人员在实施搜查时，应严格按照法定程序在法律规定的范围内进行，要注意使用规范性的语言和行为，以免引起争执，影响搜查的顺利进行。遇有暴力干扰搜查时，应及时采取强制措施，排除干扰。

第四，搜查后，应及时将被搜查物品恢复原状。切忌将物品乱堆乱放；对贵重物品要轻拿轻放，以免损坏。对被执行人拒不到场或拒不开启箱柜而强行开启的，必要时应在搜查后更换撬坏的锁具，并将钥匙交有关人员妥为保管，由此发生的费用由被执行人负担。

4. 群众举报

群众举报按是否给予举报人物质奖励可分为无偿举报与有偿举报两种形式。无偿举报一般指执行法院以一定的方式公布被执行人的有关情况，鼓励案外人提供被执行人的下落或财产线索，但对举报人不给予物质奖励的形式。执行法院可向社会公布举报电话，收集举报线索。实践中，有的执行法院设立“执行 110”，与公安机关“110”联网，可及时对案外人举报的情况作出处理。有偿举报是指执行法院在被执行人住所地张贴公告、利用新闻媒体发布悬赏公告，鼓励了解被执行人财产状况的案外人向执行法院提供被执行人的财产线索，对反映情况属实的，依实际执行到位的财产比例给予举报人一定的物质奖励的形式。执行法院一般不宜依职权发布悬赏公告，而应由申请执行人提出申请，并由其预付公告费用。支付举报人的奖金，应由申请执行人在其提请执行法院发布悬赏公告时即确定支付奖金的比例，待完成执行行为后，由申请执行人承担。

（三）采取执行措施

对金钱或其他财产执行，在查明了债务人的财产状况之后，债务人有财产可供执行而拒不履行的，执行机关应开始实施执行措施，迫使债务人履行义务；对行为执行，限期债务人自觉履行无效的，应采取间接执行措施，迫使债务人履行作为、不作为或意思表示的义务。执行机关采取的执行措施既包括直接执行措施，也包括间接执行措施。

（四）处理执行异议

在执行进行中，当事人之间、当事人与执行机关之间、案外人与当事人会或多或少发生争议。由执行机关处理的争议，包括程序性事项和实体事项。当事人、利害关系人认为执行行为违反法律规定的，可以向负责执行的人民法院提出书面异议，人民法院应当依法审查，作出裁定；执行过程中，案外人对执行标的主张实体权利的，也可以提出书面异议，人民法院依法审查后，裁定中止或者裁定驳回。

三、执行阻却

执行阻却是指在执行过程中，如果出现法定事由或者发生其他特殊情况，致使执行程序无法继续进行，或者暂无必要继续进行的，执行机关可依职权或者依当事人申请裁定暂停执行程序，暂缓采取执行措施，待有关事由消灭或者新的情况产生再继续执行程序的情形。

执行阻却的表现形式有暂缓执行、执行中止、执行和解。

1. 暂缓执行

暂缓执行也称延缓执行，是指执行启动后，经当事人合意约定，暂缓实施强制执行措施。根据《民事诉讼法》第二百零八条和《民事诉讼法适用意见》第二百六十三条、二百六十四条的规定，暂缓执行有两种情形：

（1）债务人向人民法院提供担保或者由第三人担保，并经债权人同意。提供担保后，由人民法院决定暂缓执行的期限，被执行人逾期不履行的，人民法院有权执行债务人的担保财产或担保人的财产。

（2）委托执行中的暂缓执行。在委托执行中，受托法院遇有需要中止或终结执行的情形，应当及时函告委托法院，由委托法院作出裁定，在此期间，可以暂缓执行；另外，案外人对执行标的提出异议的，受托法院应当函告委托法院，由委托法院通知驳回或者作出中止执行的裁定，在此期间，暂缓执行。

根据《民事诉讼法适用意见》规定，人民法院决定的暂缓执行的期限，应与担保期限一致，但最长不得超过一年。下列情况下可以恢复执行：

（1）债务人逾期不履行义务；

（2）债务人或者担保人在暂缓执行期间隐匿、转移、变卖、毁损用于担保的财产。

暂缓执行的恢复既可由债权人申请，也可由执行机关依职权决定。恢复执行时，既可执行债务人的财产，也可执行债务人用于担保的财产或者担保人的财产。执行担保人的财产时，执行机关应作出由担保人承担义务的裁定，并以担保财产为限，不能超出担保人担保的范围实施执行。

2. 执行中止

执行中止也称执行停止，是指执行启动后，因出现某种法定的原因，暂时停止执行程序。执行中止必须由法律严格规定，没有出现法定事由不得中止执行。[①]

根据《民事诉讼法》第二百三十二条和《执行规定》第一百零二条的规定，出现下列情形之一的，人民法院应当裁定中止执行：

（1）申请人表示可以延期执行；

（2）案外人对执行标的提出确有理由的异议；

（3）作为一方当事人的公民死亡，需要等待继承人继承权利或者承担义务；

（4）作为一方当事人的法人或者其他组织终止，尚未确定权利义务承受人；

（5）人民法院已受理以被执行人为债务人的破产申请；

（6）被执行人确无财产可供执行；

（7）执行的标的物是其他法院或仲裁机构正在审理的案件争议标的物，需要等待该案件审理完毕确定权属；

（8）一方当事人申请执行仲裁裁决，另一方当事人申请撤销仲裁裁决；

（9）仲裁裁决的被申请执行人请求不予执行，并提供适当担保；

（10）人民法院认为应当中止执行的其他情形。

造成执行中止的情形消失后，执行机关即应恢复执行，确保债权人的合法权益。执行中止的条件消灭后，既可由债权人申请恢复执行，也可由执行机关

---

① 当事人或利害关系人申请执行中止的，应当就法定事由进行举证，经执行机关形式审查，认定确实存在执行阻却的事由，才能裁定停止执行程序。

依职权决定恢复执行。根据《执行规定》第一百零四条的规定，中止执行后恢复执行的，应书面通知当事人。

3. 执行和解

在执行过程中，双方当事人自愿达成关于履行执行依据所确定的义务的协议，从而结束执行程序的活动，称为执行和解。执行和解是当事人行使处分权的行为，只要达成的和解协议是当事人的真实意思表示，且其内容不违反法律规定，不损害国家、集体和他人的利益，执行机关就应当准许。

执行和解往往以债权人作出让步为结果。债权人的让步具体包括：债权人放弃部分债权；履行期限的延长，即部分或全部延长履行期限；履行方式的变更，如以物、股权抵债等。和解协议没有执行力，当事人达成执行和解后，并不能直接申请执行该和解协议。但是，只要债务人自觉履行和解协议，执行机关就不应继续采取强制执行措施执行原来的执行依据。根据我国《民事诉讼法》的规定，在执行中，双方当事人自行和解达成协议的，执行员应当将协议内容记入笔录，由双方当事人签名或者盖章。一方当事人不履行和解协议的，执行机关可以根据对方当事人的申请，恢复对原生效法律文书的执行。《民事诉讼法适用意见》第二百六十七条规定，申请恢复执行原法律文书，适用民事诉讼法第二百一十五条申请执行期限的规定。申请执行期限因达成执行中的和解协议而中止，其期限自和解协议所定履行期限的最后一日起连续计算。

四、执行完结

执行完结是指基于某种执行依据而发动的执行程序，由于债权人的权利已经实现，或者出现某种法定情形，债权人的权利已不能实现，执行机关依职权决定终结执行程序，并不再恢复执行的法律制度。

执行完结主要有以下几种形态：

1. 执行完毕

通过执行机关采取执行措施，债权人基于执行依据的权利已全部实现，执行机关依法终结执行程序。执行完毕是达成执行目的时的执行完结，也称为执行程序的正常终结。

2. 和解协议履行完毕

在执行程序中，当事人达成执行和解，并已经依和解协议履行完毕的，债权人不得再请求依执行依据执行，执行机关也不得恢复执行原执行依据。

3. 不予执行

根据我国民事诉讼法的规定，在执行仲裁裁决和公证债权文书的过程中，如果出现法律规定的情形，执行机关可依申请或依职权裁定对仲裁裁决或公证债权文书不予执行，并停止执行措施，结束执行程序。

4. 执行撤销

在民事执行中，由于发生特殊的情况或原因，执行机关全部或部分解除已实施的执行措施，使债务人的权利全部或部分恢复到执行发动之前的状态，就是执行撤销。执行撤销之后，被撤销的执行措施不再恢复。

执行撤销有全部撤销与部分撤销之分。全部执行撤销的，所有的执行措施都应解除，整个执行程序都不再恢复，则整个执行程序完结；部分执行撤销的，被撤销的执行措施予以解除并不再恢复，则部分执行程序完结。

5. 执行终结

执行终结就是指在执行程序中，由于出现特殊的情况，执行程序没有必要或者没有可能继续进行，执行机关依法结束执行程序的一种制度。根据《民事诉讼法》第二百三十三条规定，有下列情形之一的，人民法院裁定终结执行：

（1）申请人撤销申请的；

（2）据以执行的法律文书被撤销的；

（3）作为被执行人的公民死亡，无遗产可供执行，又无义务承担人的；

（4）追索赡养费、扶养费、抚育费案件的权利人死亡的；

（5）作为被执行人的公民因生活困难无力偿还借款，无收入来源，又丧失劳动能力的；

（6）人民法院认为应当终结执行的其他情形。

执行完结的最主要效力就是完结执行程序，执行机关不再对本案执行。因不予执行、全部撤销执行而执行完结的，应撤销已为的执行行为，将执行结果恢复到执行之前的状态；因部分撤销执行而部分执行完结的，撤销部分已为的执行行为，将被撤销部分的执行所得恢复原来状态。《执行规定》第一百零七条规定："人民法院执行生效法律文书，一般应当在立案之日起六个月内执行结案，但中止执行期间应当扣除。确有特殊情况需要延长的，由本院院长批准。"

学习任务四　民事执行措施

一、民事执行措施的涵义

民事执行措施是执行法院为了实现债权人的私权、迫使债务人履行义务而对执行标的施加影响的方法或手段。作为对执行标的施加影响的方法或手段，民事执行措施具有以下特征：

（1）民事执行措施具有法定性。执行措施是由法律根据执行标的和执行内容的特征加以严格规定的，执行机关实施强制执行行为时，只能从法律规定的执行措施中挑选，没有经过法律确认的方法或手段不能成为执行措施。

（2）民事执行措施具有多样性。为了实现执行方法或手段的最优化，必须确保执行方法与手段与执行标的、执行内容的特征相适应，即执行标的、执行内容不同，执行措施也应有所不同。在执行实践中，执行标的、执行内容往往是多样的，所以，执行措施也应具有多样性。

（3）民事执行措施具有单向性。采取执行措施是执行机关的职权行为，不以债务人同意为条件。所以，执行措施往往是单向性的，债务人必须容忍执行机关采取的执行行为，并配合执行机关实施执行措施。

（4）民事执行措施具有强制性。执行措施是法律授权执行机关为实现生效法律文书的内容、强制义务人完成义务而采取的法定措施，国家以公权力为其后盾保证其实施。因此，执行措施具有明显的强制性。

（5）民事执行措施具有程序性。对执行标的施加影响的方法或手段是有一定次序的，执行机关必须严格依照法律规定的程序进行，不得随意颠倒执行措施的实施程序，或者逾越某种必经的执行程序。

二、民事执行措施的种类

根据执行措施的功能和目的不同，可以将执行措施分为控制性执行措施、处分性执行措施及其他执行措施。控制性执行措施，是指以防止被执行人的财产被转移、隐匿、变卖、毁损为目的的执行措施，包括查封、扣押、冻结、扣留、禁止交付等措施。处分性执行措施，是指以将被执行人的财产变价清偿债权或作价抵偿债权为目的的执行措施，包括拍卖、变卖、以物抵债、划拨、提取、强制交付等措施。其他执行措施，主要指以迫使被执行人为一定行为或不为一定行为为目的的执行措施，包括替代履行、执行罚措施等。

（一）冻结

冻结是指人民法院对被执行人在银行等有储蓄业务的单位的存款及其拥有的其他财产性权利，按照一定的法律程序采取的不准其提取或转移的执行措施。冻结的标的物为存款、股息、红利、投资权益或股权、专利权、注册商标权。

人民法院冻结被执行人的存款或其他财产性权利时，应当作出冻结裁定，送达被执行人和申请执行人。需要有关单位或个人协助的，应当制作协助执行通知书，连同裁定书副本一同送达协助执行人，执行时还必须出示本人工作证或执行公务证。[①] 需要有关单位协助的情况，主要是在被执行人的财产在其他单位占有的情况下，对个人占有被执行人财产时，根据需要也应发出协助执行

① 《最高人民法院关于人民法院民事执行中查封、扣押、冻结财产的规定》第一条。

通知书。

人民法院冻结被执行人的银行存款及其他资金的期限不得超过六个月，冻结其他财产权的期限不得超过二年，法律、司法解释另有规定的除外。申请执行人申请延长期限的，人民法院应当在冻结期限届满前办理续行冻结手续，续行期限不得超过前款规定期限的二分之一。对已被人民法院冻结的财产，其他人民法院可以进行轮候冻结。冻结解除的，登记在先的轮候冻结即自动生效。[①]

（二）划拨

划拨是指执行法院通过金融机构将被执行人的存款以转账的方式划入申请人或执行法院的账户的活动。划拨是一种处分性执行措施，一般适用于存款，也可适用于股票、基金等证券。

人民法院划拨被执行人的存款或证券时，应当作出划拨裁定，送达被执行人和申请执行人。需要有关单位或个人协助的，应当制作协助执行通知书，连同划拨裁定书副本、生效法律文书副本一同送达协助执行人，还必须出示本人工作证或执行公务证。

（三）扣留

扣留是人民法院委托被执行人所在单位或有关单位保存并不准被执行人领取其收入的一种执行措施。扣留是一种控制性执行措施，适用于公民被执行人在单位尚未支取的收入，包括劳动收入、农副业收入、租金收入和其他收入。这里的收入可以是金钱收入，也可以是实物收入，收入的形式主要有工资、奖金、劳务报酬、稿费、咨询费、利息、股利等。

人民法院扣留被执行人的收入时，执行人员必须制作扣留裁定书，送达当事人，需要其他单位协助执行时，必须出具工作证和执行公务证，向协助执行的单位送达协助执行通知书和扣留裁定书。

（四）提取

提取是人民法院依法取出被执行人在其单位或有关单位的收入或存款并交给申请执行人的一种处分性执行措施。提取只能对公民被执行人的收入或存款适用。

人民法院提取被执行人收入时，执行人员必须制作提取裁定书，送达当事人，需要其他单位协助执行时，必须出具工作证和执行公务证，向协助执行的单位送达协助执行通知书和扣留裁定书。作为被执行人的公民，其收入转为储蓄存款的，应当责令其交出存单。拒不交出的，人民法院应当作出提取其存款

---

① 《最高人民法院关于人民法院民事执行中查封、扣押、冻结财产的规定》第二十九条。

的裁定送达当事人，并向金融机构发出协助执行通知书，并附生效法律文书副本，由金融机构提取被执行人的存款交人民法院或存入人民法院指定的账户。扣留、提取被执行人收入时，应当保留被执行人及其所抚养家属的生活必需费用。

（五）查封

查封，是指人民法院将被执行人的财产，清点查明，贴上封条或公告，就地或异地封存，不准任何人处分的一种控制性措施。查封一般适用于不动产或体积较大且难以移动的动产，一般就地进行，可以移动的动产也可以由人民法院直接控制该财产。

查封有标封、公告查封和交付证照三种方式。标封是在被执行的标的物上贴上人民法院的封条以示被限制处分。公告查封即是将禁止处分的意思以及违反的法律后果以张贴公告的方式表示出来。对于有产权证照的动产和不动产的查封，可以责令债务人将有关产权证照交由人民法院保管，这叫交付证照。这些方式可单独适用，也可合并适用，根据公示需要和是否足以阻止处分该标的物而单独或合并采用。一般采用标封方式，不便加贴封条的，张贴公告。对有产权证照的，应责令交付证照，拒不交出的可采取搜查措施。

查封动产或不动产，应作出查封裁定，并将裁定书送达双方当事人。人民法院查封财产时，被执行人是公民的，应当通知被执行人或者他的成年家属到场，并邀请其工作单位或者财产所在地的基层组织派人参加；被执行人是法人或者其他组织的，应当通知其法定代表人或者主要负责人到场。拒不到场的，不影响执行。然后实施查封，清点财产，造具清单，加贴封条或张贴公告，落实保管人，对查封过程和结果制作执行笔录，并由执行人员、保管人和在场人员在执行笔录和清单上签字。清单一式两份，一份送达给被执行人，另一份留存法院。

有产权证照的财产，还应及时到有关登记机关办理查封登记，要求其不得办理查封财产的转移过户手续。办理查封登记时，要出示工作证和执行公务证，制作协助执行通知书，连同查封裁定书副本一并送达登记机关。

（六）扣押

扣押是指将被执行人的财产运往异地或者就地扣留，暂不准许任何人处分的一种控制性措施。扣押可以将财产运往异地，也可以就地封存；扣押不需要贴封条，但要指定有关单位或个人妥善保管。扣押适用于体积较小的方便移动的动产。扣押的方式有转移扣押和就地扣押，但不论采取何种方式都要落实好保管人。

扣押财产，应当制作扣押裁定书并送达双方当事人，扣押财产时，被执行人是公民的，应当通知被执行人或者他的成年家属到场，并邀请其工作单位或者财产所在地的基层组织派人参加；被执行人是法人或者其他组织的，应当通知其法定代表人或者主要负责人到场。然后清点财产，造具清单，就地扣押的要落实保管人，转移扣押的由人民法院保管或指定保管人保管，对扣押过程和结果要制作执行笔录，并由执行人员、保管人和在场人员在执行笔录和清单上签字。清单一式两份，一份送达给被执行人，另一份留存法院。

（七）拍卖

作为执行措施的拍卖是指执行法院将被执行人的特定物品或财产权利委托拍卖机构以公开竞价的形式，转让给最高应价者，以所得价款清偿债务的一种处分性执行措施。人民法院对查封、扣押、冻结的财产进行变价处理时，应当首先采取拍卖的方式，但法律、司法解释另有规定的除外。拍卖可以适用于所有类型的物品和财产性权利，除了法律、法规、司法解释禁止拍卖的以外。

拍卖程序比较复杂，在执行中应遵循以下规定：

（1）执行法院决定拍卖财产的，应当先作出拍卖裁定书，送达给当事人。裁定拍卖上市公司国有股和社会法人股的，还应当书面通知上市公司，并告知国有股持有人于五日内报主管财政部门备案。

（2）委托具有相应资质的评估公司对拟拍卖的财产进行评估。对于财产价值较低或者价格依照通常方法容易确定的，可以不进行评估。当事人双方及其他债权人申请不进行评估的，人民法院应当准许。评估时人民法院应当向评估公司提供必要的材料。

评估机构由当事人协商一致后经人民法院审查确定；协商不成的，从负责执行的人民法院或者被执行人财产所在地的人民法院确定的评估机构名册中，采取随机的方式确定；当事人双方申请通过公开招标方式确定评估机构的，人民法院应当准许。

人民法院收到评估机构作出的评估报告后，应当在五日内将评估报告发送当事人及其他利害关系人，如对评估报告有异议的，可以在收到评估报告后十日内以书面形式向人民法院提出。当事人或者其他利害关系人有证据证明评估机构、评估人员不具备相应的评估资质或者评估程序严重违法而申请重新评估的，人民法院应当准许。如没有异议的，则由人民法院委托拍卖。

（3）委托具有相应资质的拍卖机构进行拍卖。拍卖机构由当事人协商一致后经人民法院审查确定；协商不成的，从负责执行的人民法院或者被执行人财产所在地的人民法院确定的拍卖机构名册中，采取随机的方式确定；当事人双方申请通过公开招标方式确定拍卖机构的，人民法院应当准许。

选定拍卖机构后，人民法院向拍卖机构提供对被拍卖标的物的有处分权的有关证明及其他资料。接受委托的，人民法院与拍卖机构签订委托拍卖合同，向拍卖机构送达拍卖裁定书副本，并参考评估价或市价确定拍卖的保留价。

(4) 做好拍卖的准备工作。拍卖动产的，拍卖机构应当在拍卖七日前公告；拍卖不动产或者其他财产权的，应当在拍卖十五日前公告，并在拍卖前展示拍卖标的物。人民法院在拍卖五日前应以书面或者其他能够确认收悉的适当方式，通知当事人和已知的担保物权人、优先购买权人或者其他优先权人于拍卖日到场。对于不动产、其他财产权或者价值较高的动产，人民法院可以责令竞买人向法院预交保证金。

(5) 进行拍卖。拍卖人依照《拍卖法》有关规定举行拍卖活动。

(6) 支付佣金。拍卖成交的，拍卖机构可以按照规定的比例向买受人收取佣金；采取公开招标方式确定拍卖机构的，按照中标方案确定的数额收取佣金。拍卖未成交或者非因拍卖机构的原因撤回拍卖委托的，拍卖机构为本次拍卖已经支出的合理费用，应当由被执行人负担。

(7) 拍卖后的处理。拍卖成交的，买受人应当在指定的期限内将价款交付到人民法院或者汇入人民法院指定的账户。执行法院向买受人送达拍卖成交裁定书，交付标的物，需要办理登记手续的，执行法院可以向登记部门和有关单位发出协助执行通知书。

拍卖不成的，执行法院应先征询债权人是否愿意以该标的物抵债，债权人接受抵债的，人民法院作出以物抵债裁定；债权人拒绝以物抵债或者抵债价格低于本次流拍保留价，债务人不同意的，执行法院应当在六十日内再行拍卖。对于第二次拍卖仍流拍的动产，人民法院可以将其作价交申请执行人或者其他执行债权人抵债。申请执行人或者其他执行债权人拒绝接受或者依法不能交付其抵债的，人民法院应当解除查封、扣押，并将该动产退还被执行人。

(八) 变卖

变卖是指人民法院对查封、扣押的财产交给有关单位出卖或者自行组织出卖，换取价款清偿被执行人债务的一种处分性执行措施。

根据《执行规定》和《最高人民法院关于人民法院民事执行中拍卖、变卖财产的规定》的有关规定，适用变卖有四种情况：一是被执行人的财产无法委托拍卖，如当地没有依法设立的拍卖机构等；二是被执行人的财产不适于拍卖，如被执行人的财产为某些限制流通物品等；三是申请人与被执行人双方及有关权利人同意不进行拍卖而进行变卖的；四是金银及其制品、当地市场有公开交易价格的动产、易腐烂变质的物品、季节性商品、保管困难或者保管费用过高的物品，人民法院可以决定变卖。

执行法院自行组织变卖或者交付有关单位变卖应遵循下列程序：

(1) 制作并送达裁定书。对已查封、扣押的被执行人的财产，决定自行变卖或交付变卖的，应制作变卖裁定书并送达被执行人。

（2）确定变卖价。当事人双方及有关权利人对变卖财产的价格有约定的，按照其约定价格变卖；无约定价格但有市价的，变卖价格不得低于市价；无市价但价值较大、价格不易确定的，应当委托评估机构进行评估，并按照评估价格进行变卖。按照评估价格变卖不成的，可以降低价格变卖，但最低的变卖价不得低于评估价的二分之一。

（3）变卖。交付变卖的，执行法院应与有关单位签订委托变卖合同，启封被执行人的财产，对照查封、扣押清单，逐件交付给信托商店、寄售商店等有关单位出卖。自行变卖的，执行法院可以直接将被执行人的财产出卖，出卖要公开，但执行法院和执行人员不得自行买受。

（4）变卖结果处理。变卖成交后，应收取价款，扣除执行费用和有关费用后清偿债权人，制作变卖成交裁定送达买受人，向买受人交付标的物，如有必要解除查封、扣押、冻结裁定的，应当解除查封、扣押、冻结。需要办理登记手续的，可以向有关机关发出协助执行通知书。

变卖的财产无人应买的，执行法院将该财产交申请执行人或者其他执行债权人抵债；申请执行人或者其他执行债权人拒绝接受或者依法不能交付其抵债的，人民法院应当解除查封、扣押，并将该财产退还被执行人。

（九）以物抵债

强制以物抵债，是指在执行过程中，被执行人的财产无法拍卖或变卖的，经申请执行人或其他债权人同意，执行法院将该项财产作价后交付申请执行人或其他债权人抵偿债务的执行措施。执行法院实施强制以物抵债措施，应当具备以下条件：

（1）执行人确无金钱给付能力。强制以物抵债适用于金钱给付案件的执行，如果被执行人有现金或存款可供执行，应当直接执行其现金或存款。

（2）执行人的财产无法拍卖或变卖。被执行人有财物可供执行，当其财物被查封、扣押后，应当先进行拍卖或变卖，换取价款清偿债务。只有在无法拍卖或变卖、或者拍卖或变卖不成后，才可以强制以物抵债。

（3）申请执行人或其他债权人同意。强制以物抵债无需被执行人同意，但必须征得申请人或其他债权人同意。

强制以物抵债应遵循以下程序：

（1）征得申请执行人或其他债权人同意。被执行人的财产无法拍卖、变卖或者拍卖、变卖不成的，执行法院应就是否以物抵债征求申请人和其他债权人意见，上述当事人不仅要对以物抵债的方式表示同意，而且要对抵债财物、抵债价款等具体问题用书面形式表示同意。

（2）作出以物抵债裁定。执行法院应当制作裁定书，并及时送达当事人。

（3）交付抵债物。执行法院应及时将抵债物交付给申请人或其他债权人。

抵债物价值超出被执行人的债务的，对超出部分，接受抵债物的当事人应当支付现金补偿，由执行法院退回被执行人或清偿给其他债权人；抵债物价值不足清偿债务的，应当继续执行不足部分。

（4）办理产权、证照过户手续。抵债物依法应当办理产权、证照过户手续的，执行法院应当出具协助执行通知书，以便办理过户手续。

（十）强制交付指定财物或票证

强制交付指定财物或票证是指执行法院传唤双方当事人到庭或到指定场所，责令被执行人向申请执行人当面交清生效法律文书指定的特定的财物或票证，或者责令被执行人将法律文书指定的特定的财物或票证交给执行员，由执行员再交给申请执行人的一种执行措施。交付适用于标的物为特定的财物和票证的执行。被执行人的财产经拍卖、变卖或裁定以物抵债后，需从现占有人处交付给买受人或申请执行人的，也适用该执行措施。

对于财物或权证为被执行人持有的，法院可直接申请搜查令，至被执行人住所或办公室搜查，查获后制作搜查清单和笔录，让被执行人签字确认，查获的财物或权证转交申请人。

对当事人以外的个人持有该项财物或票证的，人民法院应通知其交出。经教育仍不交出的，人民法院可依法进行搜查，并可按照《民事诉讼法》的规定予以罚款或拘留，还可以向监察机关或者有关单位建议，给予其纪律处分。当事人以外的个人持有法律文书指定交付的财物或者票证，因其过失被毁损或灭失的，人民法院可责令持有人赔偿；拒不赔偿的，人民法院可按被执行的财物或者票证的价值强制执行。

有关单位持有该项财物或票证的，人民法院应向其发出协助执行通知书，由有关单位转交。有关单位持有法律文书指定交付的财物或者票证，因其过失被毁损或灭失的，人民法院可责令持有人赔偿。拒不赔偿的，人民法院可按被申请执行财物的实际价值或者票据的实有价值裁定强制执行。

对于将财物或票证藏匿，经说服教育仍拒不交出，或故意毁损该财物或票证的，可按被执行的财物或者票证的价值强制执行；如系具有纪念意义的财物或票证，可实施拘留等制裁措施。

（十一）强制迁出房屋或退出土地

强制迁出房屋，是人民法院根据生效法律文书确定的义务和权利人的申请，强制被执行人或居住人搬出非法占有、非法使用的房屋并交付申请执行人的一种执行措施。强制退出土地是指人民法院根据生效法律文书确定的义务和权利人的申请，强制被执行人退还非法占用的土地并交付申请执行人使用和支配的一种执行措施。

强制迁出房屋和强制退出土地的执行，直接关系到生产建设和公民生活，抗拒的因素较多，且容易激化矛盾，因而，执行员要认真严肃对待，严格依照法定程序进行。

（1）应根据不同情况，制定详尽的执行实施方案，充分估计到可能出现的各种不利后果，对有关事宜的决定，宜由三名以上执行员讨论决定。决定强制执行后，要拟定好公告，明确迁退期限和有关事项，经院长批准，张贴在被迁退房屋上或土地的周围。

（2）公告期限届满后，被执行人仍不履行义务的，执行员要做好迁退的准备工作。

（3）采取强制执行措施前，通知有关人员到场。被执行人是公民的，应当通知被执行人本人或者他的成年家属，以及被执行人工作单位或房屋、土地所在地的基层组织的代表到场；被执行人是法人或者其他组织的，应当通知其法定代表人或者主要负责人到场。上述人员拒不到场，不影响人民法院强制迁退。

（4）对强制迁出房屋或退出土地被搬出的财物，应制作好财产清单，由在场的执行人员、被执行人或者他的成年家属，以及协助执行人员签名或者盖章后交被执行人或成年家属一份。被搬出的财物由执行员派人运到被执行人或其成年家属指定的处所，交给被执行人或其成年家属；被执行人或其成年家属不指定处所的，由人民法院指定处所，执行员派人将因迁退被搬出的财物运送到人民法院指定的处所。强制迁退所支出的费用由被执行人负担。因被执行人或其成年家属拒绝接收而造成的一切损失，由被执行人承担。

（5）迁出的房屋或退出的土地，人民法院应当及时交付申请人。强制迁退的全过程，由书记员记入执行笔录。特别要详细记明被执行人在占有的房屋、土地上存放并搬出的财物。执行笔录，由在场的执行人员、被执行人或者他的成年家属，以及协助执行人员签名或者盖章。

（十二）强制被执行人加倍承担迟延履行债务利息和迟延履行金

（1）加倍承担迟延履行债务利息。是指被执行人未在法律文书指定的期限内履行金钱给付义务，对迟延履行期间的债务利息应当加倍支付给申请执行人的一种责任形式。该措施适用于给付金钱的民事案件。

加倍承担迟延履行债务利息的数额计算方法是：法律文书确定的给付金钱数×银行同期贷款最高利率×迟延履行期间×2＝应支付的迟延履行的利息数额。迟延履行期间，应从发生法律效力的判决、裁定和其他法律文书指定的履行期间届满的次日起计算，如果法律文书指定分期履行的，则从每一次应当履行期间的次日分别起算，至被执行人实际偿付债务之日止。

（2）迟延履行金。是指被执行人未按法律文书指定的履行期间履行给付金钱以外的其他义务，而向申请执行人支付一定数额金钱的一种责任形式。承担迟延履行金的对象是给付金钱义务以外的其他义务。

迟延履行金的具体数额按照有关法律规定确定。没有规定的，可依当事人事先约定，无约定的，由执行法院视情况决定。如给申请执行人造成损失的，除支付迟延履行金外，还应当赔偿申请执行人实际损失。

强制被执行人加倍承担迟延履行债务利息或迟延履行金，必须由申请人提出申请，人民法院经审查同意后，作出裁定并送达当事人。对双倍债务利息或迟延履行金的强制执行措施与对金钱给付的执行措施相同。

（十三）强制完成法律文书指定的行为

对于法律文书指定完成的行为，以该行为是否可替代完成而分别采用不同的执行方法。对可替代完成的行为，执行法院可以委托有关单位或个人完成，因此产生的费用由被执行人承担；拒绝承担的，可对其财产强制执行。对于不可替代的行为，执行法院可以采取支付迟延履行金等间接执行措施或者对其罚款、拘留等强制措施，迫使债务人履行义务，构成犯罪的，依法追究其刑事责任。

（十四）限制出境

被执行人不履行法律文书确定的义务的，人民法院可以对其采取或者通知有关单位协助采取限制出境的强制措施。被执行人为单位的，可以限制其法定代表人、主要负责人或者影响债务履行的直接责任人员出境。被执行人为无民事行为能力人或者限制民事行为能力人的，可以限制其法定代理人出境。

在下列情形下，可以限制相关人员出境：

（1）在境内有未了结的执行案件，出境可能影响执行进展的；

（2）出境可能转移、隐匿财产或有关财产证据材料的；

（3）出境可能造成无法查明有关情况且对案件执行影响重大的；

（4）涉及国家、社会利益或社会稳定的。

限制出境的方式包括边控、法定不准出境人员通报备案和暂扣护照、港澳通行证、台胞证以及提请护照签发机关宣布护照作废等。

（1）对持有护照、港澳通行证、台胞证的有关人员需要限制出境的，可采取边控措施。执行法院应收集限制出境人员的身份情况（包括身份证、护照、港澳通行证、台胞证等复印件或其证件号码）及近一年来的出入境记录；由执行人员做出限制出境决定后，报庭长审批后呈报院长签发裁定书；然后填写好边控对象通知书并加盖本院印章，制作报省高院商请省公安厅实施边控的报告；再将执行依据、限制出境裁定书、边控对象通知书、限制出境人员近一年来的出入境记录及给省高院的报告一并报高院执行局，由高院执行局统一向省公安厅办理边控手续；边控期限届满前需要延长边控期限的，应及时办理续控手续。对境外人员实施边控，除一般情况下需办理的手续外，还要在采取边控措施后的三十六小时内，将所涉案件及处理情况通知高院外事办公室及同级人民政府外事办公室。

（2）对于未持有但可能申领或不知是否持有出入境证件的被执行人、被执行人法定代表人或主要负责人、直接责任人员，可通过法定不准出境人员通报备案，查明其持有出入境证件的情况或限制其申领出入境证件。拟适用法定不准出境人员通报备案的，将报备通知书、报备人员基本情况、电子报备数据，附据以执行的生效法律文书等文件书面报所在县（市、区）公安机关；报备期限一年，最长不超过五年，报备期内案件执结的，应及时解除报备。

（3）暂扣限制出入境证件的措施，只针对我国公民，对境外人员（含港、澳、台）一般不予扣留护照或港、澳、台通行证件。案件执结后应及时发还。在限制出境期间，被执行人履行法律文书确定的全部债务的，执行法院应当及时解除限制出境措施；被执行人提供充分、有效的担保或者申请执行人同意的，可以解除限制出境措施。

【思考题】

1. 法院进行民事执行的依据有哪些？
2. 执行人员如何开展对被执行人的财产调查？
3. 什么情形下执行法院应中止执行？
4. 哪些情形下执行法院可以对执行案件做结案处理？
5. 对被执行人的住所如何进行搜查？

学习单元四　民事执行基本理论（下）

【学习目的与要求】

了解民事执行竞合的涵义、构成要件，理解解决民事执行竞合的原则，掌握参与分配制度的适用条件和程序；能够依法处理执行中的程序异议和实体异议；知道执行当事人变更与追加的法定情形，能够依法办理执行当事人的变更与追加事项。

【学习重点】

执行竞合解决原则；参与分配的适用条件与程序；程序异议和实体异议的处理程序；当事人变更与追加的法定情形和处理程序

学习任务一　民事执行竞合

一、执行竞合的涵义及其构成要件

（一）执行竞合的涵义

民事执行竞合就是指在民事执行过程中，两个或两个以上债权人根据数个执行依据，同时或先后对同一债务人的特定财产申请法院强制执行而产生的各债权人的请求之间相互重合或排斥的状态。民事执行竞合的显著特点是多种给付之间的既相互排斥又相互重合。其相互重合体现为各种给付请求都是针对债务人的某一特定财产提出的，其相互排斥则体现为债权人的给付请求是相互对立、互不相容的。

（二）执行竞合的构成要件

要构成执行竞合，必须满足以下条件：

（1）必须有两个或两个以上债权人。如果是单一的债权人，即使有多个执行依据并且针对债务人的同一财产，虽然债务人的财产不足以清偿全部债务，但利益主体同一，也就不会发生执行竞合。

（2）存在两个或两个以上的执行名义。只有多个执行名义确定的不同给付之间才可能存在相互排斥的现象。一般来说，有两个或两个以上执行名义，就有两个或两个以上的给付。债务人依同一执行名义应为两种以上的给付或对数个债权人为给付等情况，不存在执行竞合。

（3）执行标的是债务人的同一财产。只有当债权人针对债务人的同一财产提出数个执行请求，即执行标的是债务人的同一财产时，才可能发生执行竞合。如果执行标的是债务人的不同财产，或者执行标的是不同种类的，则执行竞合的问题不会发生。

（4）同时或先后提出给付请求。只有当两个或两个以上的执行请求同时或先后提出，即两个或两个以上的给付具有时间上的关联时，才可能发生执行竞合。如果一个给付已经完成，另一个给付请求才提出，也不构成执行竞合。

二、执行竞合的解决

（一）物权优先原则

物权是权利人在法律规定的范围内按照自己的意志支配自有物或者依照授权支配他人的物，而直接享受物的效益的排他性财产权。物权的支配力决定了物权具有比标的物上的一般债权优先行使的效力，即物权具有优先力。所以，基于物权的债权的行使应优先于一般债权。《执行规定》第八十八条第二款规定："多个债权人的债权种类不同的，基于所有权和担保物权而享有的债权，应优先于金钱债权受偿。有多个担保物权的，按照各担保物权成立的先后顺序受偿。"

这就确立了我国解决民事执行竞合的物权优先原则，即物权或有担保物权的债权与普通债权并存时，物权或有担保物权的债权优先于债权执行；同一物上有数个物权时，根据各个物权效力的强弱决定执行的先后顺序，如果有多个同类担保物权，则按照设立担保物权的先后顺序确定执行的顺序。

（二）先行优先原则

我国《民事诉讼法》第九十四条第四款规定"财产已被查封、冻结的，不得重复查封、冻结"。《执行规定》第八十八条第一款规定"多份生效法律文书确定金钱给付内容的多个债权人分别对同一被执行人申请执行，各债权人对执行标的物均无担保物权的，按照执行法院采取执行措施的先后顺序受偿"。第九十条规定"被执行人为公民或其他组织，其全部或主要财产已被一个人民法院因执行确定金钱给付的生效法律文书而查封、扣押或冻结，无其他财产可供执行或其他财产不足清偿全部债务的，在被执行人的财产被执行完毕前，对该被执行人已经取得金钱债权执行依据的其他债权人可以申请对该被执行人的财产参与分配"。综合以上规定可以看出，当债务人有清偿能力时，按照采取执行措施的先后顺序受偿；当债务人无清偿能力时，已进入执行程序的债权人适用参与分配程序。

（三）平等分配原则

平等分配原则是指当债务人是公民或其他组织，其财产不能清偿全部债务，或者债务人是企业法人，未经清理或清算而撤销、注销或歇业，其财产不足清偿全部债务时，先请求执行的普通债权人不能享有优先权，而应与已进入执行程序的其他债权人按比例平等受偿。根据《执行规定》第九十条以及第九十四条的规定，“参与分配案件中可供执行的财产，在对享有优先权、担保权的债权人依照法律规定的顺序优先受偿后，按照各个案件债权额的比例进行分配”，当债务人不能清偿已进入执行程序的全部债权人的债权时，执行法院应按照债权比例分配债务人的财产。被执行人虽为企业法人，但未经清理或清算而撤销、注销或歇业，其财产不足清偿全部债务的，也应当参照《执行规定》第九十条至九十五条的规定，对各债权人的债权按比例清偿。

三、参与分配制度

平等分配原则的具体制度就是参与分配。所谓参与分配是指因债务人的财产不足以清偿全部债务，申请执行人以外的其他债权人以生效的执行依据申请加入已开始的执行程序，要求从执行标的物变价中公平受偿的制度。

（一）参与分配的条件

债权人请求参与分配应符合以下条件：

（1）债务人是公民或其他组织。只有当债务人是公民或其他组织时，其他债权人才能请求参与分配。对未经清理或清算而撤销、注销或歇业的企业法人可以参照适用参与分配。对其他企业法人不适用参与分配，如果企业法人不能清偿全部债务，债权人应申请其破产，通过破产程序受偿。

（2）债务人没有其他财产可供执行或者其他财产不足清偿全部债务。如果债务人还有其他财产可供执行且足以清偿全部债务，债权人之间的债权应依优先原则受偿，即采取执行措施在先的债权人的债权优先受偿。“债务人没有其他财产可供执行”是指，除了已被采取民事执行措施的财产之外，债务人已没有其他财产。“其他财产不足清偿全部债务”是指，除了已被采取执行措施的财产之外，债务人还有其他财产，但是其他财产不足以清偿其他债权人的全部债权。

（3）须有多个债权人对同一债务人的财产申请执行。一个债权人依据多份生效法律文书申请执行同一债务人财产不会发生执行竞合，只有存在多个债权人针对同一债务人的财产请求受偿才能适用参与分配。

（4）债权人必须已取得执行依据或者是对执行的财产享有优先权或担保物权。执行依据是申请执行的唯一依据，只有已取得执行依据的其他债权人或者根据法律规定对执行财产有优先权或担保物权的债权人才能请求参与分配，其他债权人尚未取得执行依据，就不能参与分配。[①]

（5）申请参与分配的债权必须都是金钱债权。实行参与分配的各债权，即已经开始执行程序的债权人的债权和请求参与分配的债权，必须都是金钱债权或者转化的金钱债权。如果是物的交付请求权与金钱债权竞合，则只能按物权优先原则解决，而行为与金钱债权则不发生竞合，也就不存在申请参与分配。

（6）其他债权人应在债务人的财产已被实施民事执行措施但未被清偿前提出请求。如果执行机关尚未实施民事执行措施，其他债权人可以请求发动执行程序，而不是请求参与分配。对于已被清偿的财产也不能请求参与分配，被清偿的认定一般以执行所得金额分配完毕为准。

（7）请求必须采取书面形式。其他债权人请求参与分配，必须采取书面的形式，写明参与分配的理由，并提出有关的证据材料。

（二）参与分配的程序

其他债权人申请参与分配，应当向其原申请执行法院提交参与分配申请书，写明参与分配的理由，并附有执行依据。该执行法院应将参与分配申请书转交给主持分配的法院，并说明执行情况。主持分配的法院是首先采取查封、扣押、冻结的法院。主持分配的法院在分配财产前，应当先通知被执行财产的优先权人和担保物权人优先受偿，对剩余的财产在已申请参与分配的债权人之间制作财产分配方案，并送达各债权人和被执行人。债权人或者被执行人对分配方案无异议的，执行分配法院即根据参与分配表支付金额；如有异议的，应当自收到分配方案之日起十五日内向执行法院提出书面异议，执行法院应当通知未提出异议的债权人或被执行人。未提出异议的债权人、被执行人收到通知之日起十五日内未提出反对意见的，执行法院依异议人的意见对分配方案审查修正后进行分配；提出反对意见的，应当通知异议人。异议人可以自收到通知之日起十五日内，以提出反对意见的债权人、被执行人为被告，向执行法院提起诉讼；异议人逾期未提起诉讼的，执行法院依原分配方案进行分配。诉讼期

---

① 《最高人民法院关于适用〈中华人民共和国民事诉讼法〉若干问题的意见》第二百九十七条规定已经起诉的债权人可以申请参与分配，《执行规定》只规定已经取得执行金钱债券执行依据或者对执行财产有优先权或担保物权的债权人可以申请参与分配，根据新法优于旧法的原则，应以《执行规定》中参与分配的申请主体范围为准。

间可以对无争议部分财产进行分配，与争议债权数额相应的款项予以提存。

学习任务二　民事执行异议

一、执行异议的涵义

所谓执行异议就是执行当事人或利害关系人认为人民法院的执行行为违反了法律规定或者对执行标的主张实体权利，从而向执行法院提出的要求变更或撤销执行行为的意思表示。根据异议的内容，我们可以把执行异议分为程序异议和实体异议两种。由于异议的内容不同，对该两种异议的处理程序也有所不同。

二、执行异议的处理

（一）程序异议

1. 程序异议的涵义

程序异议是执行当事人或利害关系人认为执行行为有违反法律的程序规定而提出的主张。当事人或利害关系人认为执行法院侵害的是他们的程序权利，其适用的法律是程序法。具体来说，程序异议主要针对以下情形：

（1）执行法院应作为而不作为或者不应作为而作为；

（2）对具体执行标的采取措施不当；

（3）有明显证据证明执行人员拖延执行，延误时机；

（4）其他违法行为。

针对当事人的变更或追加提出的异议，涉及当事人的实体争议，本应按实体异议的程序处理，但现行法律没有该方面的异议之诉的权利规定，故先放入程序救济中，按照程序异议来处理。

2. 程序异议的条件

当事人提出程序异议，必须符合以下条件：

（1）案件已经进入执行阶段但尚未结束执行；

（2）明确指出异议的具体执行行为；

（3）明确指出执行行为违反的法律规定；

（4）以书面形式提出。

案外人提出异议的，还必须有证据证明其与执行行为之间具有法律上的利害关系。

3. 程序异议的处理

当事人或利害关系人认为执行行为侵害了其程序权利的，可以向负责执行的人民法院提出书面异议。人民法院应当自收到书面异议之日起十五日内审查，理由成立的，裁定撤销或者改正；理由不成立的，裁定驳回。裁定书应当送达双方当事人和利害关系人。当事人、利害关系人对裁定不服的，可以自裁定送达之日起十日内向上一级人民法院申请复议。上一级法院应当组成合议庭对复议申请进行审查，自收到复议申请之日起三十日内审查完毕，并作出裁定。有特殊情况需要延长的，经本院院长批准，可以延长，延长的期限不得超过三十日。执行异议审查和复议期间，不停止执行。

（二）实体异议

1. 实体异议的涵义

实体异议是案外人对执行标的主张实体权利从而向执行法院作出的意思表示。案外人提出实体异议，针对的是执行标的，适用的是实体法。具体来说，主张的实体权利主要有：（1）所有权；（2）用益物权；（3）担保物权；（4）优先权。

2. 实体异议的条件

当事人提出实体异议，必须符合以下条件：

（1）案件已经进入执行阶段但尚未结束执行；

（2）案外人对执行标的主张实体权利；

（3）有证据证明案外人与执行标的存在实体权利义务关系；

（4）以书面形式提出。

对执行标的主张实体权利的，该实体权利必须足以阻止执行行为，否则，执行法院将予以驳回。比如，对拍卖的房产主张租赁权，但如果执行法院在拍卖房产时保证了承租人的继续租赁权，则承租人不得以租赁权阻碍执行法院的拍卖行为。

3. 实体异议的处理

执行过程中，案外人对执行标的主张实体权利的，应当向执行法院提出书面异议，人民法院应当自收到书面异议之日起十五日内审查，理由成立的，裁定中止对该标的的执行；理由不成立的，裁定驳回。裁定书送达执行当事人和提出异议的案外人。案外人、当事人对裁定不服，认为原判决、裁定错误的，依照审判监督程序办理；与原判决、裁定无关的，可以自裁定送达之日起十五日内向人民法院提起诉讼。案外人异议审查期间，人民法院不得对执行标的进行处分。案外人依照《民事诉讼法》第二百零四条规定提起诉讼的，诉讼期间，不停止执行。人民法院依照《民事诉讼法》第二百零四条规定裁定对异议标的中止执行后，申请执行人自裁定送达之日起十五日内未提起诉讼的，人民法院应当裁定解除已经采取的执行措施。

学习任务三　民事执行承担

一、执行承担的涵义

执行承担也就是民事执行当事人的变更和追加，主要是指民事被执行人的变更和追加。民事执行当事人的追加，可以是被执行人的追加，也可以是申请人的追加；民事执行当事人的变更，可以是申请人的变更，也可以是被执行人的变更，但实践中最为常见的是被执行人的变更。

二、当事人的变更

（一）当事人变更的含义及法律特征

当事人变更是指在民事执行程序中，当执行依据确定的权利义务主体消亡或者发生权利、义务的全部转让时，执行法院裁定其权利义务继受人为新的执行当事人的一项法律活动或法律制度。在通常情况下，它只是改变当事人，而不增加或消灭权利义务内容，原执行名义对变更后的主体仍有约束力。当事人变更具有以下法律特征：

（1）当事人主体的变更必须是在执行程序进行中，尚未执行或者已经执结的案件不发生主体变更的情况。

（2）变更的原因，必须是执行名义中的权利义务人已经消亡或者发生债权债务的全部转让。

（3）变更必须依法定程序进行，当事人的变更必须严格依照法定程序进行审查、确认。

（4）变更的结果是原法律文书上的权利义务人改变为原法律文书以外的人。由新的权利人享有原来的全部权利，新的义务人独立承担原来的全部义务。

（二）当事人变更的情形

1. 执行义务人的变更

根据《民事诉讼法》和《民事诉讼法适用意见》的规定，从实体义务承受来看，出现以下情况可以变更执行义务人：

（1）作为被执行人的公民死亡，其继承人继承遗产的，执行法院可以裁定变更被执行人，由该继承人在继承遗产的范围内履行义务；

（2）作为被执行人的法人或者其他组织终止，应由其权利义务承受单位或个人履行债务；

（3）经债权人同意，原被执行人将全部义务转让给第三人，第三人应作为新的被执行人履行全部义务。

2. 权利人的变更

权利人的变更出现在以下情形：

（1）权利人死亡，其继承人继承遗产的，执行法院可以裁定变更申请人；

（2）作为申请人的法人或其他组织终止，由其权利义务承受单位或个人受让其全部权利；

（3）权利人将全部实体权利合法转让给案外人的，该案外人作为新的申请人受让全部权利。

（三）当事人变更的程序

当事人的变更可以由执行当事人提出申请，人民法院经审查同意后作出裁定；也可以由人民法院依职权作出变更裁定。裁定书应当送达有关当事人。由于当事人的变更对当事人的权利义务影响重大，因此应当组成合议庭进行审查。权利人的变更涉及当事人的处分权，因此在发生权利人的变更事实后，人民法院应当征询权利承受人的意见，如果承受人请求法院继续执行的，人民法院裁定变更；如果承受人放弃权利的，裁定终结执行。根据预先告诫原则，变更被执行人的裁定只是作为变更执行义务主体后的执行根据，它本身还不能替代执行通知书。执行法院在作出变更执行义务主体的裁定后，在程序上还应向新的被执行人发出执行通知书，责令新的被执行人在指定期间履行义务。当新的被执行人在指定的期间仍拒不履行的，人民法院才可以依法强制执行。

三、当事人的追加

（一）当事人追加的含义

当事人的追加是指在民事执行程序中，执行法院裁定增加案外人与直接被执行人一起履行义务，或者裁定增加新的权利人与原权利人一起享有权利的法律制度。它具有以下法律特征：

（1）追加必须是在执行程序中进行，没有进入执行程序以及执行程序结束后的案件不能追加。

（2）追加的原因必须是直接被执行人无力偿还债务，但有义务承受人、或者案外人出面担保或者对第三人享有到期债权等情况。申请人的追加则是在发生债权的部分转让情形下。

（3）追加必须依法定程序进行，追加的事实和理由必须有法律的明确规定。执行法院必须依照法律明确规定的内容和法定程序进行，不得自行设定和推断。

（4）追加的法律后果是追加的被执行人与原被执行人成为共同被执行人，追加的申请执行人与原权利人成为共同的申请人。

（二）当事人追加的情形

根据有关法律和司法解释的规定，执行法院可依法裁定追加被执行人的情形有以下几种：

（1）原被执行人无力履行义务，依有关实体法，案外人对其负有无限清偿责任的，执行法院可依法裁定追加该案外人为被执行人；

（2）原被执行人无财产可供执行或其财产不足清偿债务时，执行法院可以裁定追加在诉讼中或执行中为其提供担保的案外人（保证人）为被执行人；

（3）案外人有妨害民事诉讼行为，使生效法律文书无法执行的，执行法院可以裁定追加该案外人为被执行人；

（4）其他法定的执行法院可以追加案外人为被执行人的情形。

可以依法裁定追加为申请人的情形则只能是原权利人将部分债权依法转让给案外人，人民法院可以根据当事人的申请追加其为申请执行人。

（三）当事人追加的程序

当事人的追加同当事人的变更一样，既可以根据当事人申请，执行法院组成合议庭讨论审查后同意，作出追加裁定；也可以由人民法院依职权裁定追加。追加裁定书应送达有关当事人。追加权利人前，同样需要征询权利人的意见，如果权利人请求法院继续执行的，人民法院裁定追加；如果权利人放弃权利的，对该部分权利裁定终结执行。追加被执行人的，作出追加裁定后，应当向被追加的义务主体送达执行通知书。

【思考题】

1. 如何理解我国法律制度对民事执行竞合的解决原则？
2. 执行法院应怎样处理执行中的异议事项？
3. 什么情况下可以变更执行当事人？变更程序是怎样的？
4. 什么情况下可以追加执行当事人？追加程序是怎样的？

学习单元五　法院行政执行基本理论

【学习目的与要求】

掌握法院行政执行的基本概念，知晓法院行政执行的法律依据及其具体实施程序，能够运用法院行政执行措施实施执行。

【学习重点】

法院行政执行的概念；法院行政执行的法律依据；法院行政执行的具体程序；法院行政执行的措施；法院非诉行政执行案件的审查程序

学习任务一　行政执行

"行政执行"这一概念在我国第一本行政法教科书《行政法概要》中就已出现。该书解释道："在行政法律关系中，当事人不履行其行政法上的义务时，国家机关可以采用法定的强制手段，强制当事人履行其义务。这就是行政法上的强制执行，是一种具体的行政行为。又叫做行政执行。"[①] 此后，学者一般认为行政执行是行政强制执行的简称。[②] 但我国行政法学界大多使用"行政强制执行"一词，而不用"行政执行"。行政强制执行指行政机关或人民法院在当事人拒不履行业已生效的具体行政行为之义务时，依法强制其履行义务或达到与履行义务相同状态的活动（行为）。它包括行政机关自行强制执行和行政机关申请法院强制执行两部分内容。[③]

此处的行政强制执行泛指所有行政案件的强制执行，是与刑事、民事强制执行相并列的概念。行政执行是指有关国家机关根据国家法律、法规的规定，对行政义务人采取强制措施，实现业以生效的具体行政行为和行政裁判所确定的内容的法律活动或法律制度。它有广义和狭义之分，广义的行政执行包括行政机关的行政强制执行和人民法院的行政强制执行，或称行政决定的强制执行

---

① 王珉灿主编：《行政法概要》，法律出版社 1983 年版，第 125 页。

② 胡建淼主编：《行政强制法研究》，法律出版社 2003 年版，第 4 页。

③ 如权威教科书姜明安主编：《行政法与行政诉讼法》，北京大学出版社、高等教育出版社 1999 年版，第 235 页；胡建淼：《行政法学》，法律出版社 1998 年版，第 361 页。等等。

和行政裁判的强制执行；狭义的行政执行特指行政强制执行，即行政机关在行政相对人不履行其应履行的行政义务时，依法采取强制措施，迫使其履行义务或达到与履行义务相同状态的活动。我们认为“行政强制执行”概念一般不包括行政机关申请人民法院强制执行的内容。

学习任务二　法院行政执行

一、法院行政执行的涵义

法院行政执行是指人民法院依法定的职权或依当事人的申请，对行政义务人采取强制措施，实现发生法律效力的行政裁判和具体行政行为所确定的义务的法律活动。它也是具体行政行为转化为司法行为后行政管理目的的最后实现。但它不是所有行政裁判和具体行政行为的必经程序。按照我国行政诉讼法规定，人民法院享有普遍的行政执行权，体现了司法对行政活动进行制约的原则。

法院行政执行按执行案件是否经过诉讼程序可分为行政裁判执行与非诉行政执行两大类型。不同类型的执行案件在执行、发动、受理审查等方面均有所区别。行政执行是人民法院的一大执行任务，对行政机关依法行政、实现行政管理目的和保护行政相对人合法权益都有重要意义。

二、法院行政执行的依据

法院行政执行的依据根据法院执行类型而不同。法院行政裁决执行的直接依据是人民法院生效的准许执行行政机关的具体行政行为的裁定书，非诉行政执行的依据是行政主体作出的已生效的具体行政行为，即有执行内容的决定书。

根据法律规定，行政裁决主要包括：

1. 行政判决

根据法律规定，行政判决有以下几种：

（1）维持判决。即人民法院经审查，确认被告具体行政行为合法，并维持其效力的判决形式。此类判决是对原具体行政行为合法性审查后予以司法肯定的结果，判决本身不产生新的行政权利义务关系，当事人之间的实体权利义务内容仍依原具体行政行为的效力确定，产生以相对人为被执行人的原具体行政行为确定的财产给付或义务履行为内容的执行。

（2）撤销判决。即人民法院经审查，认为具体行政行为部分或全部违法，从而部分或全部撤销并责令其重新作出具体行政行为的判决形式。法院判决撤销行政机关具体行政行为，不产生对行政相对人的执行问题。

（3）履行判决。即人民法院经审查，确认被告不履行或拖延履行法定职责的行为存在，从而责令行政机关在一定期限内履行法定职责的判决形式。该类判决只会产生对行政主体的执行问题，而不产生对行政相对人的执行。

（4）变更判决。即人民法院经审查，认为被诉行政处罚显失公正，从而改变行政处罚结果的判决形式。原行政处罚因显失公正而改变处罚结果后，形成了新的行政处罚法律关系，产生以行政相对人为被执行人，以判决确定的财产给付或义务履行为内容的执行。

（5）确认判决。即人民法院经审查，确认被诉行政行为合法或有效以及违法或无效的判决形式。确认判决在行政诉讼法中没有规定，是《最高人民法院关于执行〈中华人民共和国行政诉讼法〉若干问题的解释》（以下简称《行诉若干解释》）新增加的判决形式。《行诉若干解释》第五十七条第一款规定："人民法院认为被诉具体行政行为合法，但不适宜判决维持或驳回诉讼请求的，可以作出确认其合法或者有效的判决。"判决确认被诉行政行为违法或无效的自不产生执行问题，有学者认为"确认合法判决并不意味着维持原具体行政行为，在这类判决中不产生以相对人为被执行人的行政诉讼执行"，同时也认为"在一定意义上，确认合法判决与维持判决的意义相当"。[①] 我们认为，在某些确认行政处罚决定书合法有效的确认判决中，实际上涵盖了维持行政处罚决定书所载明的原行政处罚行为的合法有效，而原行政处罚行为又具有可执行性或必须付诸执行的，则产生类似维持判决之执行。[②]

（6）驳回诉讼请求判决。即人民法院经审查，不支持原告的诉讼请求，而对诉讼请求予以驳回的判决形式。此类判决也是《行诉若干解释》新增加的。《行诉若干解释》第五十六条规定："有下列情形之一的，人民法院应当判决驳回原告的诉讼请求：（一）起诉被告不作为理由不能成立的；（二）被诉具体行政行为合法但存在合理性问题的；（三）被诉具体行政行为合法，但因法律、政策变化需要变更或者废止的；（四）其他应当判决驳回诉讼请求的情形。"有学者主张，"驳回诉讼请求不等于维持具体行政行为，不产生诉讼执行问题"。[③] 其实，"从行政法理论上讲，维持判决的实质效果基本上相同于驳回诉讼请求，惟一不同的是，经法院维持判决的行政行为，行政机关不能轻易变更。这不是维持判决的优点，而是其缺点。因为，这限制行政机关根据条件的变化和行政

---

① 马怀德主编：《行政诉讼原理》，法律出版社 2003 年版，第 463 页、第 424 页。

② 参见甘文：《行政诉讼法司法解释之评论——理由、观念与问题》，中国法制出版社 2002 年版，第 161 页。

③ 马怀德主编：《行政诉讼原理》，法律出版社 2003 年版，第 464 页。

管理的需要作出应变的主动性。”① 根据行政法的一般原理，有效的行政行为一经作出，在被有权机关撤销或者变更前，应当被视为一直有效且具有约束力。法院判决维持一个有效的具有约束力的具体行政行为，以增加其效力毫无必要，纯属多余。驳回诉讼请求判决直接宣告了诉讼请求不获支持，同时也宣示了被诉行政行为效力依然存在，若被诉行政行为具有可执行性且需付诸执行的（主要指《行诉若干解释》第五十六条第 2 项情形），则产生类似维持判决之执行。当然，如行政主体依法变更或撤销了原具体行政行为的另当别论。

（7）行政赔偿判决。即指人民法院依照法定程序对行政赔偿案件进行审理后，根据事实和法律规定对当事人之间行政赔偿权利义务关系作出的权威性判断。该类胜诉判决具有金钱给付内容，被判负有赔偿义务的行政机关拒不履行义务，则产生执行问题。

2. 行政裁定

根据《行政诉讼法》及《行诉若干解释》第六十一条规定，行政裁定适用范围共有 15 种情形，但由于行政裁定是人民法院在审理行政案件过程中，为保证审判和执行活动的顺利进行，而对诉讼程序事项所作的一种裁断，其目的是解决程序性问题，所以，绝大多数行政裁定不具有可执行性，如不予受理、驳回起诉、管辖异议、终结诉讼、中止诉讼、移送或者指定管辖、驳回停止执行的申请、准许或不准许撤诉，补正裁判文书中的笔误、中止或终结执行、提审、指令再审或发回重审等裁定，不存在强制执行问题。而具有执行性的行政裁定有以下几种：

（1）财产保全裁定。即指人民法院对于因一方当事人的行为或者其他原因，可能使具体行政行为或人民法院生效判决不能或难以执行的案件，根据对方当事人的申请或依据职权，作出禁止一方当事人处分其财产的一种裁断。该种裁定的执行由人民法院实施，以保全案件最终得以执行为目的，尚未直接涉及原具体行政行为的执行问题。

（2）先予执行裁定。按照《行诉若干解释》第四十八条、第九十四条的规定有两种形式：其一是指人民法院基于一方当事人的请求，对于法律规定的某些案件，作出的由被告先行给付一定金钱的裁断。在我国，对起诉行政机关没有依法发给抚恤金、社会保险金、最低生活保障费等案件，可依法作出先予执行裁定。此种裁定的执行由人民法院立即实施，暂先满足并保障申请人的权利要求，并非事先推定或认定原具体行政行为违法，仅仅是一种保全措施。其二

---

① 参见甘文：《行政诉讼法司法解释之评论——理由、观念与问题》，中国法制出版社 2002 年版，第 159 页。

是指在行政诉讼过程中，人民法院基于被告或者具体行政行为确定的权利人的请求，对于不及时执行可能给国家利益、公共利益或者他人合法权益造成不可弥补的损失的案件，作出的先行给付一定金钱、财物或先为一定行为或不为一定行为的裁断。此种裁定是为了避免可能造成更重要利益发生不可弥补损失，而事先按照原具体行政行为内容，暂先给予执行的一种特殊形式。

（3）准许或不准许执行行政机关的具体行政行为裁定。即指人民法院受理行政机关申请执行其具体行政行为的案件，对具体行政行为的合法性进行审查后，就是否准予强制执行所作的一种裁断。此种裁定是对具体行政行为合法性的审查结果，本身不具有实体内容，但会产生是否执行具体行政行为的直接后果，准许裁定成为执行具体行政行为的前提条件，是行政执行的依据。

（4）诉讼期间停止具体行政行为的执行裁定。即指人民法院在审理行政诉讼案件过程中，根据当事人的请求或依职权对具体行政行为暂停执行的一种裁断。此种裁定是对行政主体在诉讼期间内执行具体行政行为的禁令，对行政主体产生不行为的约束力，如行政主体继续实施，则产生对裁定的执行问题。

行政裁判文书是否成为执行依据有以下几种情况：

（1）不能作为执行依据的行政裁判文书有：驳回起诉请求判决书以及11种裁定书（见前文行政裁定部分内容所列裁定种类），因为此类裁判没有可执行性或无需执行。

（2）单独存在即可作为执行依据的行政裁判文书有：履行判决书、变更判决书、行政赔偿判决书、财产保全裁定书、先予执行裁定书、诉讼期间停止具体行政行为的执行裁定书六种。

（3）不能单独作为执行依据，但又是执行依据不可缺少的组成部分的行政裁判文书（可称为形式执行依据）有：①维持判决书。该判决书只有与具体行政行为（行政决定书）结合起来，才能成为完整的行政执行依据。维持判决书是该执行依据的形式，原具体行政行为或行政决定书是该执行依据的内容。②准许执行行政机关的具体行政行为裁定书。该裁定书本身并不包括实体内容，所以不能单独作为执行依据。但同时，申请执行的具体行政行为，没有人民法院作出的准许执行该具体行政行为的裁定又不能发生执行之法律效力，因而，只有行政机关生效的具体行政行为（行政决定书）与准许执行行政机关的具体行政行为裁定书结合起来，才能成为执行依据。可以说，准许执行行政机关的具体行政行为的裁定书是该执行依据的形式，具体行政行为（行政决定书）是该执行依据的内容。

3. 情况待定的裁判文书：确认判决书和撤销判决书

（1）确认判决书。一是不能作为执行依据的情况。根据《行诉若干解释》第五十七条第一款规定，人民法院认为被诉具体行政行为合法，但不适宜判决维持的，可作确认合法判决，而不适宜判决维持往往是因为判决维持没有实际意义，故其也就不存在执行问题。[①] 根据《行诉若干解释》第五十七条第二款规定，“有下列情形之一的，人民法院应当作出确认被诉具体行政行为违法或无效的判决：（一）被告不履行法定职责，但判决责令其履行法定职责已无实际意义的；（二）被诉具体行政行为违法，但不具有可撤销内容的；（三）被诉具体行政行为依法不成立或者无效的。”可见，此种情况之确认判决因确认违法或无效而不需要执行。二是可单独作为执行依据的情况。《行诉若干解释》第五十八条规定，“被诉具体行政行为违法，但撤销该具体行政行为将会给国家利益或者公共利益造成重大损失的，人民法院应当作出确认被诉具体行政行为违法的判决，并责令被诉行政机关采取相应的补救措施；造成损害的，依法判决承担赔偿责任。”此种情况的确认判决有要求行政机关履行一定行为的内容，有的还有赔偿给付内容，因而具有可执行性，可以成为执行依据。三是可作为形式执行依据的情况。根据《行诉若干解释》第五十七条第一款规定，在司法实践中会遇到一类确认判决，即确认行政处罚决定书（行政决定书）本身是否有效的案例。[②] 此种确认判决确认了行政处罚决定书有效，该判决书与原行政处罚决定书结合起来，成为行政执行依据。

（2）撤销判决书。一是不能作为执行依据的情况。根据《行政诉讼法》第五十四条第二项规定，判决撤销并不判决被告重新作出具体行政行为的，则该判决书不需要执行。二是可作为执行依据的情况。根据《行诉若干解释》第五十九条规定，判决撤销违法的被诉具体行政行为，将会给国家利益、公共利益或者他人合法权益造成损失的，人民法院在判决撤销的同时，可判决被告重新作出具体行政行为；责令被诉行政机关采取相应的补救措施等。此种撤销判决具有要求被告为一定行为的内容，如不履行有强制执行之必要和可能，因而，该种撤销判决书可成为执行依据。

三、法院行政执行的措施与程序

（一）法院行政执行的措施

法院行政执行措施是指人民法院依照行政诉讼法和有关法律的规定，强制实现生效行政裁判和具体行政行为所确定的义务的具体方式或手段。人民法院行政执行措施的种类和适用条件，与民事执行措施基本相同。但对不同的被执

---

① 参见甘文：《行政诉讼法司法解释之评论——理由、观点与问题》，中国法制出版社2002年版，第161页。

② 参见甘文：《行政诉讼法司法解释之评论——理由、观点与问题》，中国法制出版社2002年版，第161页。

行人所采取的强制执行措施各不相同。

1. 对行政机关的强制执行措施

按照《行政诉讼法》第六十五条第三款的规定，行政机关拒不履行人民法院行政判决、裁定确定的义务的，执行法院可以适用以下四种执行措施：

（1）强制划拨存款。执行法院对行政机关采取的划拨，是执行法院在行政机关拒不履行金钱给付义务时，通知金融机构对行政机关存款强制拨付给行政相对人的一种直接执行措施。

人民法院判令行政机关向行政相对人给付金钱，行政机关拒不履行，执行法院采取强制划拨措施，只适用两种情况：一是行政机关应当归还罚没款的；二是行政机关应给付赔偿金的。人民法院通知金融机构划拨时，应当向金融机构提供强制划拨裁定书、协助执行通知书、据以执行的法律文书副本等有关材料。金融机构接到通知和上述材料后，经审查无异的，必须按执行法院的要求给予办理。如无故不协助划拨，执行法院可以按照《行政诉讼法》第四十九条规定，以妨害行政诉讼论处，追究其单位负责人或者直接责任人员的法律责任。

（2）迟延罚款。执行法院对行政机关的迟延罚款，是行政机关因拖延行政裁判指定的期限，而对其处罚一定金钱，促使其履行义务的一种临时性强制措施。《行政诉讼法》第六十五条第三款第2项规定，行政机关拒绝履行判决、裁定，在规定期限内不执行的，从期满之日起，对该行政机关按日处以50元至100元的罚款。人民法院在这个幅度内根据具体情况决定一个具体的数额，通知被罚行政机关交纳。

关于迟延罚款的具体办理程序，行政法律、法规没有明确规定，也无司法解释。司法实践中，对行政机关采取罚款，要制作罚款决定书，经院长批准，送达被执行的行政机关。如果被执行的行政机关拒不交纳，可以通知银行划拨。

（3）提出司法建议。提出司法建议是执行法院在行政执行中向被执行行政机关的上级行政机关或者监察、人事机关提议采取措施或进行处理，促使被执行行政机关履行义务的一项辅助性执行措施。

这种司法建议的性质仅仅是“建议”，并非决定，接受司法建议的机关也不是法定的协助执行单位，因而，是否采纳由接受司法建议的机关决定。它不是直接有效的强制执行措施，而只能作为辅助性执行措施。

设立该辅助性执行措施的理由：一是对行政机关的执行因行政机关的特殊地位，不可能单凭司法手段解决，还可以通过行政手段来辅助，且在实践中，实施这种方法往往效果较好；二是上级行政机关、监察机关和人事机关有监督下级或同级行政机关依法行政的责任。

司法建议的内容主要有两类：一是建议有关机关直接督促行政机关履行义务，如通过其上级行政机关直接通知其履行义务；二是通过处理手段促其履行义务，如建议有关机关对行政机关的主管人员和直接责任人员予以批评教育、警告、记过直至撤职的行政纪律处分，促使行政机关履行义务。

有关机关接到司法建议后，要根据各自的职责和规定进行处理，并将处理结果告知执行法院。

(4) 追究刑事责任。《行政诉讼法》第六十五条第三款第4项规定，行政机关拒不履行判决、裁定，情节严重构成犯罪的，依法追究主管人员和直接责任人员的刑事责任。对行政机关主管人员和直接责任人员出现这种犯罪行为的，应按《刑法》第三百一十三条规定，以拒不执行人民法院判决、裁定罪论处。

此外，如行政机关非法扣押行政相对人的物品、证照、票据等，行政裁判判令行政机关归还原告，如果其条件符合民事执行中指定交付或转交要求的，也可责令被执行行政机关将特定财物或者票证当面交付给行政相对人，或者交付给执行员，再由执行员转交给行政相对人。

2. 对行政相对人的强制执行措施

行政相对人作为行政义务人时，不自动履行人民法院的行政判决、裁定和具体行政行为的，行政机关可以依据《行政诉讼法》第六十五条第二款和第六十六条的规定，向有管辖权的人民法院提出执行申请。人民法院在执行中可以对行政相对人采取强制执行措施。

对行政相对人的执行措施，是指执行法院依照有关法律规定，强制执行相对人履行生效的行政裁判文书和具体行政行为确定的义务的具体执行方法和手段。它与对行政机关强制执行措施有明显区别：一是强制执行措施所指向的对象是行政管理中的相对人，其中有的是行政诉讼中的原告；二是行政诉讼法没有规定而民事诉讼法有规定的执行措施均可适用；三是具体强制执行措施相对多一些。

对行政相对人的具体执行措施与民事执行的具体执行措施，在种类、适用范围、条件、办理程序等方面基本相同，这里不再重述。

(二) 法院行政执行的程序

1. 法院行政裁决的执行程序

行政执行程序一般包括执行发动力、执行进行、执行阻却和执行完结等环节。

(1) 执行发动。执行发动包括申请发动和移送发动。

①申请发动。对发生法律效力的行政判决书、行政裁定书、行政赔偿判决书和行政赔偿调解书，负有义务的当事人拒绝履行的，对方当事人在法定期限内可以向人民法院提出申请，这是行政裁判执行发动的主要方式。

②移送发动。判决裁定生效后，由审判庭直接将案件移送执行机构执行，由执行机构主动依职权采取执行措施。这是对申请执行的补充，一般适用于判

决裁定涉及当事人生产生活紧迫需要，如给付医药费、赔偿金等紧急情况。

（2）执行进行。从执行法院采取执行措施到执行程序终结，就是执行进行过程。它主要包括向义务人发出执行通知书和采取执行措施两个环节。

（3）执行阻却。行政裁判执行中可能会出现暂时停止执行的情况，主要是指执行中止和执行和解。

①执行中止。执行中止的事由主要包括：

第一，执行申请人表示可以延期的。在申请执行中，如果被执行人无财产可供执行且提供担保申请延期，执行申请人表示可以延期的，法院应当中止执行。

第二，案外人对执行标的提出异议确有理由的。为避免执行错误，执行员应对案外人异议进行调查了解，确认异议成立的，交行政庭裁定中止。

第三，公民死亡，需要等待继承人继承权利或承担义务的，以及法人或其他组织终止尚未确定权利义务承受者的，中止执行。

第四，法院认为应当中止执行的其他情形。如被执行人下落不明的，暂时丧失行为能力的，或无财产可供执行的等。

②执行和解。行政裁决执行和解仅适用于行政判决书的行政赔偿部分和行政赔偿判决书，而不能涉及具体行政行为。和解不得违反法律规定侵害第三人利益或损害公共利益。执行和解双方应在平等协商基础上达成和解协议并交执行机构附卷或记录在案，经签名盖章后生效。

（4）执行完结。执行完结包括执行完毕、和解协议履行完毕、执行撤销和执行终结等形态。行政裁判执行中行政机关作为执行申请人向法院申请执行生效的判决、裁定不仅仅是执行请求权利，也是行政职权，同时也是职责和义务，是不可放弃的。而相对人作为执行申请人要求撤销执行申请的，需要法院审查申请是否损害公共利益，依职权来决定是否准许终结执行。所以，执行申请人撤销申请不是行政裁判执行终结的法定事由。①

2. 非诉行政执行的程序

法院非诉行政执行的程序一般包括申请、受理与审查、告知履行和强制执行等环节。

（1）申请。非诉行政执行自行政机关及行政裁决所确定的权利人或其继承人、权利承受人的申请开始，行政机关向人民法院提出强制执行其具体行政行为的申请是非诉行政执行开始的发动方式，人民法院无权自行开始非诉行政案件的执行。比如，2011 年 1 月 21 日国务院公布的《国有土地上房屋征收与补偿条例》第 28 条规定，被征收人在法定期限内又不搬迁的，由作出房屋征收决定的市、县级人民政府依法申请人民法院强制执行。根据该规定，行政强制

---

① 参见马怀德主编：《行政诉讼原理》，法律出版社 2003 年版，第 472 页。

拆迁被取消，但强制拆迁需由行政机关向有关法院提出申请方能启动。

行政机关在向人民法院提出申请时，必须向人民法院递交有关材料。《行诉若干解释》第九十一条第一款规定：“行政机关申请人民法院强制执行其具体行政行为，应当提交申请执行书、据以执行的行政法律文书、证明该具体行政行为合法的材料和被执行人财产状况及其他必须提交的材料。”

享有权利的公民、法人或者其他组织申请人民法院强制执行的，人民法院应当向作出裁决的行政机关调取有关材料。对于享有权利的公民、法人或者其他组织而言，由于能力有限而不能或难以提供有些材料，但这些材料又是法院审查具体行政行为是否应当受理和执行具体行政行为不可或缺的条件。因此，权利人申请人民法院强制执行的，除申请执行书和有能力提供的有关材料外，其他的必要材料人民法院应当要求行政机关负责提供。

根据《行政诉讼法》第六十六条和《行诉若干解释》第八十六条规定，非诉行政执行的申请条件包括：①相对人对具体行政行为在法定期限内既不提起诉讼又不履行义务。②具体行政行为依法可以由法院执行。按照目前我国法律法规规定，可以由人民法院强制执行的情况有以下几种：一是法律法规规定行政机关无强制执行权，须申请法院执行的；二是行政机关有强制执行权，但可以申请法院执行的；三是未明确由谁执行，可以由人民法院执行。③具体行政行为已生效并具有可执行内容。申请执行的具体行政行为应当是可执行的，即存在金钱财物的给付义务，或者是作为或不作为的义务。④申请人是做出该具体行政行为的行政机关或者法律、法规、规章授权的组织，被申请人是该具体行政行为确定的义务人。另外，《行诉若干解释》还规定了行政机关根据法律的授权对平等主体间民事争议做出裁决后，当事人在法定期限内既不起诉又不履行，做出裁决的行政机关在申请执行的期限内未申请法院强制执行的，生效具体行政行为确定的权利人或者继承人、权利承受人可申请法院强制执行。这扩大了非诉行政执行原有的申请人和被申请人的范围，在一定程度上改变了非诉行政执行原有的“边界”。⑤申请人在法定期限内提出。行政机关申请法院执行，应当自被执行人法定起诉期限届满之日起180日内提出。行政裁决确定的权利人提出执行申请，应当在行政机关申请执行期限届时满之日起三个月内提出。⑥被申请执行的行政案件属于受理申请执行的人民法院管辖。行政机关申请法院强制执行其具体行政行为的，由申请人所在地基层人民法院受理，如果执行对象为不动产，由不动产所在地的基层法院受理。基层法院认为执行确有困难的，可以报请上级法院执行。上级法院可以决定由其执行，也可决定由下级法院执行。

（2）受理与审查。行政机关提出申请后，法院应当对行政机关的申请进行审查，以确定行政机关的申请是否符合非诉行政案件的执行条件，对于符合非诉行政案件申请的，法院应当立案执行；对不符合非诉行政案件执行条件的申请，法院应裁定不予受理。法院决定立案执行后，应当继续对申请进行合法性审查。

《行诉若干解释》第九十三条明确规定，法院受理申请执行的案件后，应当在三十日内由行政审判庭组成合议庭对其具体行政行为的合法性进行审查，并就是否准予强制执行做出裁定。经合议庭审查认定具体行政行为合法正确后，法院即作出准予强制执行的裁定，并送达申请法院强制执行的行政机关。但如果“被申请执行的具体行政行为有下列情形之一的，人民法院应当裁定不准予执行：（一）明显缺乏事实根据的；（二）明显缺乏法律依据的；（三）其他明显违法并损害被执行人合法权益的”。

人民法院对被申请执行的具体行政行为进行审查，虽然没有发现原则性错误，但如果尚有一些欠缺或不足，如某些事项有遗漏或者有差错，某些内容含糊不清等，人民法院虽不裁定不予执行，但应当通知并建议行政机关加以解释、纠正或者作出说明。

人民法院审查完毕后，无论是准予执行还是不予执行都应以裁定形式作出，对此裁定当事人不能提出上诉。

3. 告知履行

根据《行诉若干解释》第九十三条的规定，对于行政审判庭裁定准予执行的非诉行政案件，需要采取强制执行措施的，行政审判庭应当将案件交由本院负责强制执行非诉行政行为的机构具体执行。负责强制执行非诉行政行为的机构，在实施强制执行前，应当再次书面通知被执行人履行义务，告诫被执行人如拒不履行义务的，将由执行机构实施强制执行。

4. 强制执行

经告诫被执行人仍拒不履行义务的，则可予以强制执行。在此阶段，法院应出具强制执行手续，填写强制执行文书，制定强制执行方案等。法院在执行中采取执行措施，可以根据《行政诉讼法》和参照《民事诉讼法》及最高人民法院《行诉若干解释》、《最高人民法院关于适用〈中华人民共和国民事诉讼法〉若干问题的意见》的有关规定执行。执行任务完成后，人民法院应将案卷材料整理归档，并结清各种手续、清单及费用，书面通知申请强制执行的行政机关，宣告执行程序结束。

【思考题】

1. 法院行政执行的概念及法律依据是什么？
2. 如何理解法院非诉执行的性质？法院对非诉执行的审查包括哪些内容？
3. 法院行政执行的措施具体有哪些？如何进行操作？
4. 法院行政执行的程序规定是什么？

学习单元六　法院刑事执行基本理论

【学习目的与要求】

掌握法院刑事执行的基本涵义，知晓法院刑事执行的种类及其法律依据；掌握法院刑事执行的法定程序。

【学习重点】

法院刑事执行的涵义；刑事执行的法律依据；刑事执行的种类；死刑的执行如何组织与实施；财产刑的执行应遵守的程序

学习任务一　法院刑事执行的基础知识

一、法院刑事执行的涵义

法院刑事执行就是指法院依照法定程序，运用国家强制力，将已经发生法律效力的相关刑事判决和裁定所确定的内容予以实现的各种活动或制度。

根据我国《刑事诉讼法》和《人民法院组织法》、《监狱法》、《人民警察法》等法律规定，判决和裁定发生法律效力后，即由法院执行或交付有关部门执行。其中绝大多数刑事案件由专门的刑罚执行机关——监狱执行（如有期徒刑、无期徒刑、缓期二年执行的死刑），部分由公安机关执行（如拘役、余刑一年以内的有期徒刑以及管制、剥夺政治权利、缓刑、假释和监外执行等非监禁刑），另有少数由法院执行（如死刑、罚金和没收财产等财产刑）。

二、法院刑事执行的依据

法院刑事执行的依据，就是指法院刑事执行名义，即已经发生法律效力的刑事判决书和刑事裁定书。根据刑事诉讼法的规定，刑事执行名义有以下几种：

（1）已过法定期限没有上诉、抗诉的刑事判决书和裁定书；

（2）终审的刑事判决书和裁定书；

（3）最高人民法院核准死刑的判决书和裁定书以及执行死刑命令书。

需要指出的是，2007年前法院死刑执行的依据还包括一种：高级人民法院依据最高人民法院授权核准死刑的判决书和执行死刑命令书。2006年12月13日最高人民法院审判委员会召开第1409次会议讨论通过《最高人民法院关于行使死刑案件复核权有关问题的决定》，紧接着12月28日最高人民法院发布《关于统一行使死刑案件核准权有关问题的决定》明确废止过去发布的关于授权高级人民法院和解放军军事法院核准部分死刑案件的所有通知，此举表明死刑案件核准权从2007年1月1日起由最高人民法院统一行使。

三、法院刑事执行的类型

（一）死刑的执行

我国法院对死刑的执行即指对判处死刑立即执行的判决的执行。死刑是一种最严厉的剥夺犯罪分子生命的刑罚。为了防止发生无可挽回的错杀，保证正确无误地执行死刑，《刑事诉讼法》及最高人民法院有关规定，对死刑的执行作了较详尽和周密的规定。

（二）罚金刑的执行

罚金刑是最为普遍适用的财产刑，有的国家没有规定没收财产刑，但都无一例外地规定有罚金刑的财产刑。罚金是当代适用最广泛、最普遍的一种刑罚方法。在西方国家有的适用纯罚金刑（作为主刑适用）最高定案率高达70%以上，包括作为附加刑适用率高达90%以上；在中国台湾地区罚金刑也高达初审判决的60%以上，包括附加刑判决高达70%以上。[①]

在所有的刑罚方法中，唯有罚金刑的执行受制于诸多因素，甚至部分有赖于受刑人的配合和协助，这是刑罚体系中绝无仅有的。罚金刑执行难是一个世界性问题，在普遍适用罚金刑的西方国家，如何圆满公平地解决好罚金刑的执行问题，始终困扰司法当局。在我国1997年修改后的《中华人民共和国刑法》（以下简称《刑法》）中可以使用罚金的条文达139条，占分则条文总数的39.7%，比1979年《刑法》增加了20%以上。目前，我国罚金刑的执行问题尚不十分突出，但随着刑罚观念的变化，再加上新刑法中并处罚金条文大量存在，罚金的适用会越来越多，罚金刑的执行将成为令人关注的问题。

（三）没收财产刑的执行

没收财产刑是以没收犯罪行为人全部或者部分财产为内容的刑罚方法。目前刑法中规定有没收财产刑罚的国家不多，除我国外，还有俄罗斯以及罗马尼亚、捷克等东欧国家。英、美、法、德、日等西方国家均没有规定没收财产。

---

① 参见甘雨沛：《比较刑法学大全》（下册），北京大学出版社2000年版，第1083、1084页。

在英、美等国，立法者认为没收财产是无偿没收犯罪行为人财产的全部或者部分，与“私有财产神圣不可侵犯”的宪法原则相违背，因此在刑事法律中不规定没收财产。但在苏联、罗马尼亚、南斯拉夫、波兰等实行社会主义制度的国家，一直把没收财产作为与严重犯罪作斗争的有效手段。

我国《刑法》中规定的没收财产是最重的一种附加刑。1997 年修订后的《刑法》规定，可以使用没收财产的共有 53 条，且都是并处的，没有一个条文可以单独使用。可见，没收财产刑在我国刑罚体系中是处于从属地位。没收财产刑的执行在实践中也存在难题。犯罪分子往往将属于本人所有的财产说成是其他家庭成员的财产，或转移、隐没财产，给法院的执行工作造成困难。

学习任务二　死刑执行

一、死刑执行的涵义

（一）死刑执行的概念

死刑又称生命刑或极刑，是剥夺犯罪分子生命的刑罚方法。死刑执行是指人民法院司法警察依据最高人民法院院长签发的执行死刑命令，采取枪决或注射方式，依法剥夺已判死刑罪犯生命的一项重要的执法活动。

死刑的执行在国外，一般是专职和特定的人员负责，即死刑执行官。在我国则不是特定的。最高人民法院、公安部在 1980 年 2 月 23 日《关于判决死刑、死缓、无期徒刑、有期徒刑、拘役的罪犯交付执行问题的通知》中指出：对于判处死刑立即执行的罪犯，人民法院有条件执行的，应交付司法警察执行；没有条件执行的，可交付公安机关的武装警察执行。《人民法院司法警察暂行条例》第 7 条规定，人民法院司法警察具有执行死刑的职责。

（二）死刑执行的特点

1. 合法性

死刑执行的依据是最高人民法院院长签发的执行死刑命令，是法律赋予人民法院合法地、公开地剥夺犯罪分子生命的神圣权力，经过了严格的法律程序，具有充分的法律保障。法律还同时规定了直至对被执行死刑罪犯执行前可能出现的例外情况的处理方法，即发现判决可能有错误的或被执行的女罪犯正在怀孕的，应当停止执行，并立即报告有签发死刑命令权力的法院。这些规定，都充分体现了执行死刑在法律上具有严密的法律程序和法律依据，确保执行死刑的合法性。

2. 严厉性

死刑执行是法律赋予人民法院依法剥夺犯罪分子生命的最严厉的刑罚的实

现，它充分体现了社会主义法制保护人民，坚决打击犯罪分子的强制职能。

3. 目的性

执行死刑的目的是通过对生效判决犯罪分子死刑的立即执行，最终完成对被执行死刑罪犯的审判任务，从而达到惩罚犯罪分子，保护公民合法权益，维护社会主义法制的目的。

4. 文明性

对犯罪分子执行死刑，既是最严厉的刑罚处罚，又应当是执法文明的体现。法律明确规定不得对判处死刑立即执行的犯罪分子游街示众；不得虐待罪犯；尊重少数民族风俗等，都较好地体现了文明行刑和社会主义的人道主义精神。目前执行死刑一般采用枪决和注射两种方式。无论采用哪种方式，都必须符合法律规定的程序，体现文明执行死刑，不得随意改变执行方式。随着注射行刑方式的普及，今后执行死刑的方式将朝着更加简便和文明的方向发展。

5. 综合性

死刑执行是一项涉及面很广的工作，需要人民法院、人民检察院、公安机关、武警部队、民政机关及殡仪部门等多方配合，有时需要同时调用多个法院的法警警力统一实施。人员多，时间紧，组织协调工作要求严密，不能出差错，以确保执行死刑任务的顺利完成。

二、死刑执行的方式

死刑的执行方式在不同历史时期及不同国家有所不同。目前，世界各国采用的死刑方式主要有以下几种①：

1. 电刑

电刑源于美国。执行时，受刑者被固定在特殊的电椅上，死刑执行人将湿润的铜电极贴附在受刑者的头部和脚部，接通 1700 伏的电流 20 秒，600 伏 50 秒，然后再用 1700 伏通电 10 秒。也有的州使用 1700 伏的电流 1～2 分钟后，降低电压再通电数分钟致死。电刑可致内脏烧焦和腹部皮肤破裂，通电后死刑罪犯双目暴突、大小便失禁，由于强大的电流烧灼人体内部器官，肌肉膨胀、发出异味，甚至会着火，所以，电刑看上去很恐怖。

2. 绞刑

绞刑是一种最古老的行刑方式，是将绳索套在死刑罪犯的脖子上，然后撤掉死刑罪犯脚下的支撑物使死刑犯窒息而死的方式。绞刑行刑前，死刑罪犯必须量体重，然后根据体重给犯人的腿部绑上重物，这是为确保能立即被绞死。

---

① 师宕编：《司法警察必备》，海南出版社 2001 年版，第 74 页。

3. 毒气刑

毒气刑起源于20世纪20年代。犯人被固定在一间不锈钢制密室的椅子上，然后氰化物气体被释放出来，使死刑罪犯的血液迅速丧失处理血红蛋白的能力而死亡。但如果死刑罪犯屏住呼吸或缓慢呼吸，行刑过程会相应延长。

4. 枪决

枪决通常由执行队或单人执行，枪击部位为心脏、大脑等维持人体生命活动不可缺少的器官。由执行队实施的枪决，往往选择心脏作为射击目标，罪犯通常要经过较长的时间才能死亡。

5. 斩首刑

阿拉伯联合酋长国是以法律规定的形式明确死刑的执行方法为斩首。沙特阿拉伯、卡塔尔虽法律没有明确死刑的执行方法，但仍在实践中以古老的斩首示众作为行刑的形式。毛里塔尼亚法令规定，死刑公开执行，由国家元首决定死刑执行是用犯罪者作案的凶器、用剑斩首还是执行枪决。

6. 石砸刑

石砸刑执行时，受刑者被埋入预先挖掘好的坑内，颈部以上部分暴露，用大于拳头小于脑袋的石块砸击受刑者的头部及身体，最后因颅脑损伤死亡。石砸刑从受刑者意识清晰开始直至气绝身亡要花费很长时间。伊朗法律明确规定采用石砸刑时受刑人不能一次砸死。苏丹、沙特、毛里塔尼亚等国法律规定通奸、同性恋等性犯罪以石砸刑击毙。

7. 注射刑

注射执行死刑方式是指静脉注射致命的药物在人体里超快速发生作用，致人催眠，肌肉松弛，呼吸麻痹，心脏停止跳动，大脑缺氧死亡。

根据《刑事诉讼法》第二百一十二条的规定，我国死刑采用枪决或者注射等方法执行。相对历史上的酷刑，枪决方式是比较文明的，而注射方式让受刑人痛苦更小一些。按照最高人民法院《关于采用注射方式执行死刑若干问题的规定》的要求，全国普遍适用注射执行死刑方式。依据《刑事诉讼法》的规定，还可采取其他方法执行死刑，这为死刑执行方式的发展保留了空间。要采取其他方法执行的，必须报最高人民法院批准。

三、死刑执行的程序

根据我国《刑事诉讼法》和其他法律的规定，最高人民法院判处和核准的死刑立即执行的判决，应当由最高人民法院院长签发执行死刑的命令。执行死刑的人民法院，在接到执行死刑的命令后，应在七日内交付执行。在执行前，如果发现判决可能有错误或可能需要改判的，应当停止执行，必须报请核准死刑的人民法院院长，再签发执行死刑的命令才能执行或者依法改判。《刑事诉讼法》第二百一十一条规定："有下列情形之一的，应当停止执行，并且立即报告最高人民法院，由最高人民法院作出裁定：（一）在执行前发现判决可能有错误的；（二）在执行前罪犯揭发重大犯罪事实或者有其他重大立功表现，可能需要改判的；（三）罪犯正在怀孕。前款第一项、第二项停止执行的原因消失后，必须报请最高人民法院院长再签发执行死刑的命令才能执行；由于前款第三项原因停止执行的，应当报请最高人民法院依法改判。"

（一）执行死刑的准备

1. 枪决执行死刑的准备

（1）成立执行死刑任务的领导小组。执行死刑任务前应成立由各有关部门负责人参加的领导小组，并明确各部门工作职责。领导小组应设立执行总指挥一名、副总指挥若干名。总指挥一般由执行法院院长（或副院长）担任，主要是负责指挥、督促、检查各部门开展工作。

（2）制定执行死刑方案。执行死刑任务领导小组应根据被执行死刑犯的人数、社会环境、刑场、开庭宣判场地、死刑犯的认罪表现、行车路线、天气变化等实际情况，制定出详细的执行方案。执行方案应包括执行各实施阶段的时间安排、对意外事故的处置方法、对可能发生紧急情况的防范措施等，以确保执行工作顺利实施。

（3）确定执行人员，进行明确分工。执行部门应适时对参加执行任务的人员进行动员教育，确定射击手及预备射击手、架手及预备架手、警戒人员、预备人员、指挥人员。应依据执行死刑任务的实际情况，向参加执行任务的各方面人员下达具体工作指令，交待清楚死刑犯的有关情况。一般情况下，一名死刑犯配置三名司法警察组成一个执刑小组，并指定其中一人为临时负责人；遇有特殊情况时，一名死刑犯可配置三名以上司法警察。

（4）查看有关场地。主要是查看验明正身场地、宣判场地、行刑场地。对各种场地的总体要求是：易于控制罪犯、易于警戒、易于处置紧急情况。

①查看验明正身的场地。验明正身是法律规定的对罪犯执行死刑时必经的程序，也是罪犯情绪波动大的时刻。一些一审被判处死刑的罪大恶极的犯罪分子，在验明正身之际，极易产生自杀、自残或伤害司法人员的意外事故。因此，对验明正身场地内一切可以移动的物品，包括桌子、椅子、留置墙壁的铁钉等尖硬物必须严格处置，以防不测。

②查看宣判场地。主要内容是：罪犯羁押室是否有一定的防范措施，是否与无关人员隔离；公开宣判场地罪犯站立地点是否便于操作；上、下台的通道是否畅通；上、下车是否方便；发生意外情况是否便于紧急撤离等。

③查看刑场。主要内容是：射击条件是否良好；死刑犯所在地点是否平坦；死刑犯前方是否有山石、树木等障碍物，防止产生跳弹；警戒线与射手间

距离是否合适；是否便于执行车辆进出刑场，行车道路是否平坦、宽敞等。

(5) 刑场的设置。中级法院应设固定刑场。如因特殊原因不能在固定刑场执行，需开辟临时刑场执行。临时刑场的具体要求是：远离居民区、便于车辆进出、死刑犯（枪决执行的）跪立地点平坦、无障碍物，便于警戒、机动和撤离。

(6) 选择最佳的行车路线。行车路线，是执行死刑任务不安全因素中的重大隐患，所以必须仔细认真地选择。特别是城市中心必经街道，要加强安全防范工作。选择行车路线应注意：全面了解押解路线的自然情况，包括桥梁数、岔口数、路面宽狭度、人员车辆流动量及可能塞堵车辆地段的情况；必须实地确定应急行车路线；注意同行车沿线公安交通管理部门取得联系，求得他们的支持与配合。

(7) 做好执行死刑的勤务保障。主要有以下武器械具和车辆准备：

①枪支、弹药。采用枪决方式执行死刑时，执行死刑配备正、副射手，其射手应提前检验枪支，确认枪支性能良好并进行擦拭保养。

②警械具。执行人员要提前准备好警械具，包括手铐、脚镣、电棍、捆绑绳等。

③车辆。车辆分为囚车、工作车和指挥车等。原则上一名死刑犯配置一辆囚车。囚车在执行死刑任务前要定人、定车，检查车辆性能。必要时可配备消防车辆及救护车。

另外，还要准备良好的通讯工具及设备。

(8) 掌握死刑罪犯的有关情况。在执行死刑前，执行人员要通过案件承办人及罪犯羁押地看守所工作人员了解死刑犯的姓名、性别、身高、特长、案由、罪犯情绪、表现等有关情况。对一些重大的、影响面较广的死刑犯，还要通过死刑犯原居住地公安机关了解其家属及亲朋好友动态，以防止可能发生的各种情况，并做好相应的防范措施。

2. 注射执行死刑的准备

注射执行死刑的准备工作除需成立领导小组、制定执行方案、确定执行人员、察看场地、选择行车路线和搞好通信、车辆保障外，还应做好以下三项工作：

(1) 确定注射场所。注射执行死刑应在专用场所（执行室）内进行。一般情况下不宜在露天或野外进行。

(2) 确定注射人员。注射人员一般由司法警察担任，视情况也可由法医担任。注射人员应经过专门训练，须达到操作熟练、注射准确无误的要求。

(3) 领取注射器和执行死刑用的药物，并检查注射器和执行死刑用的药物是否性能良好、有效。

（二）执行死刑任务的人员职责

执行死刑任务中，各有关人员必须明确自身的职责，做好相关工作。

1. 指挥人员职责

（1）制定执行死刑方案和预案；

（2）认真查看场地和行车路线；

（3）督促检查人员、武器械具、车辆、通讯工具的准备情况；

（4）了解死刑犯的有关情况；

（5）确定执行人员名单，进行详细分工，明确各自职责；

（6）向院领导汇报准备工作情况，提出执行方面的意见和建议。

2. 执刑人员职责

（1）严格遵守刑场（室）纪律，服从刑场（室）指挥员的指挥；

（2）认真做好射击、注射前的准备工作，发现问题及时报告指挥员，不得擅自处理；

（3）按指定部位射击或注射，不得自行改变射击或注射部位；

（4）射击或注射后，及时向指挥员报告执刑结果。

3. 押解人员职责

（1）严密注意死刑犯的情绪表现，发现异常，及时报告指挥员并采取相应措施；

（2）精力集中，高度警惕，严密控制死刑罪犯；

（3）按刑场指挥员口令迅速准确地将死刑罪犯押解到预定位置；

（4）采取强制手段使死刑罪犯保持规定姿势，防止其挣扎和出现其他意外情况；

（5）按刑场指挥员口令迅速撤离，确保安全；

（6）执行后解除死刑犯所戴械具。

（三）执行死刑任务的组织实施

1. 验明正身的组织实施

验明正身一般在羁押地点进行。羁押所看管人员将死刑罪犯提出，交由司法警察实施死刑捆绑。一般由三名法警捆绑一名死刑犯。捆绑完毕由审判人员验明正身，宣读执行死刑命令。

2. 途中押解的组织实施

（1）验明正身完毕后，要迅速将死刑罪犯押上囚车；

（2）车辆要编队行进，按指挥车、执刑人员车、囚车、审判人员车的顺序编排；

（3）押解过程中，要高度警惕，时刻注视罪犯的情绪变化。

3. 宣判场所的组织实施

（1）将死刑犯押解到指定地点后，要按照看管的规定严密看守，一名死刑犯不得少于二名看管人员；

（2）羁押地点外围要有警戒人员把守，严禁无关人员与罪犯接触；

（3）做好宣判的准备工作，熟悉宣判场所位置及进出口，并按宣判的出场顺序将罪犯押解好；

（4）当审判长宣布押死刑罪犯上来后，押解人员要集中精力，动作敏捷，按押解规范要求，将死刑犯押进宣判会场的指定位置，面向宣判台前群众。宣判完毕后，根据审判长的指令将罪犯押赴刑场执行。

4. 刑场执行死刑的组织实施

（1）司法警察指挥员、执刑人员要提前进入刑场。执刑人员按指挥员口令装填子弹或准备注射器具，在指定地点站立待命。

（2）死刑罪犯押到刑场后，司法警察指挥员立即指挥将罪犯按顺序押至执行位置。使用枪决方式执行时，让罪犯跪好；使用注射方式执行时，令罪犯仰卧，并固定牢固，为执刑人员创造良好的执刑条件。

（3）刑场总指挥下达执行命令后，司法警察指挥员随即命令执刑人员迅速进入射击或注射位置。

（4）司法警察指挥员检查完毕后，迅速下达“射击”或“注射”口令后，执刑人员立即实施射击或注射。

（5）经法医检查，如有罪犯没有毙命，执刑人员按指挥员口令及时补射或再行注射。

（四）执行死刑任务中的情况处置

执行死刑任务是一项非常严肃而又复杂的工作，实施过程中难免发生这样或那样的问题。因此，担任执行死刑任务的执行人员在执行过程中，要严格按照有关法律、法规规定处置遇到的情况，确保执行死刑任务完成。

1. 一般情况处置方法

（1）对患有传染病或肢体有残疾不能站立的死刑犯的处置。对患有传染病的死刑犯，参加执行任务的人员要有良好防范措施，如戴口罩、手套等。在确保安全的情况下，尽量不要给死刑犯带械具，可作警绳捆绑。执行完毕后，参加执行的人员要进行必要的消毒。遇有下肢有残疾不能站立的死刑犯，可实施注射方式执行死刑。

（2）对女性死刑犯的执行。验明正身后，由女司法警察押解。执刑时，可由男司法警察完成。

（3）遇车辆发生故障时的处置。车辆发生故障时，要以最快的速度将罪犯转移到备用囚车上，同时布置好警戒。

（4）对昏迷不醒的死刑犯的执行。可由押解人员将其架扶刑场，采取卧式执刑。

2. 特殊情况处置方法

（1）对“情绪激动”的死刑罪犯的处置。一些死刑犯自认为二审后能够改判，思想上对改判抱有较大希望，一旦知道没有改判，情绪上表现异常，从开始就喊叫、哭闹、谩骂，情绪激动得一时无法控制。对待这些死刑犯，要稳定情绪，尽量做好说服工作，也可采取转移死刑罪犯注意力的方法，逐步使其情绪稳定。

（2）对“闹会”的死刑犯的处置。对“闹会”的死刑犯，要及时采取果断措施，紧勒颈绳，使其不能出声，但防止勒死。

（3）对围堵囚车的处置。发生此情况时要及时向上级报告，严密控制死刑罪犯，防止劫持和脱逃，并按命令迅速处置。

（4）注射执行时，如发生罪犯情绪激动，挣扎反抗，应根据现场指挥员的指令，稳定罪犯情绪；无效时则可采取强制措施，迅速进行强行注射。

（五）执行死刑后的工作

（1）对尸体的处理。执行死刑后，罪犯尸体由人民法院按照有关规定处理。

（2）组织执勤人员撤离。刑场指挥员组织射手验枪，决定解除刑场警戒，组织执勤人员离开。

（3）注射执行死刑后，负责执行的司法警察，要在有关领导的严格监督下，将使用过的注射器销毁。

（4）死刑现场和处决后死刑犯的照相、录像由法院组织，随卷宗存档，其他部门不得在现场拍摄，因工作需要照片、录像资料的，可商请法院提供。严禁新闻记者到刑场采访、拍照、录像。

人民法院应当通知人民检察院对死刑的执行派员进行临场监督。在交付执行前，负责指挥执行死刑的审判人员对罪犯应当验明正身，严肃认真查对核实犯罪事实，罪犯的姓名、性别、年龄、籍贯、民族、职业、文化程度、家庭住址等情况，经查证核实确无差错后，方能交付执行人员执行死刑。死刑的执行场所可以在刑场，也可以在指定的羁押场所内，死刑执行应当公布但不能示众。

学习任务三　财产刑的执行

一、财产刑的涵义

我国刑罚中的财产刑包括罚金和没收财产两种。

（一）罚金刑的涵义

罚金是人民法院判处犯罪人向国家缴纳一定数量金钱的刑罚方法。罚金作为一种刑罚，对惩治犯罪，从经济上打击犯罪人都有重要意义，我国《刑法》在分则中适用的条文达140条之多。

《刑法》第五十二条规定："判处罚金，应当根据犯罪情节决定罚金数额。"刑法对罚金数额未做具体规定，在一般情况下，情节严重的，罚金数额应多些，情节较轻的，罚金数额应少些，以体现罪刑相适应原则。"从实践来看，还要适当考虑犯罪人的经济承担能力。如果罚金数额超过犯罪人的履行能力，犯罪人无力缴纳，法院无法执行，或者执行后严重影响其家庭生活，不利于教育改造犯罪人；如果罚金数额太少，虽然容易执行，但对犯罪人的经济打击不力。所以，适当考虑犯罪人的履行能力确定罚金数额，既有利于执行，又有利于惩罚和改造罪犯。

根据《刑法》第五十三条规定，罚金的缴纳有自动缴纳与强制缴纳、一次缴纳与分期缴纳等方法。犯罪人及其家属在判决指定期限内缴纳的，为自动缴纳。在判决书指定期限内，犯罪人分几次缴纳的，应当许可。有的罚金判决书考虑犯罪人经济困难，难以一次性缴纳的，也判处分期缴纳，犯罪人在判决书的各期期限内缴纳的，亦为自动缴纳。犯罪人在判决书指定的期限届满后不缴纳的，人民法院强制缴纳。

（二）没收财产刑的涵义

没收财产刑是强制将犯罪分子个人所有的一部或者全部的财产无偿地收归国家的一种刑罚方法。在一般情况下，犯罪人不会自动将其被没收的财产交付给人民法院的，若被判处有期徒刑，因人身被羁押，则不可能自动交付，因而没收财产的刑罚通常都需进入执行程序强制执行。

《刑法》第五十九条规定："没收财产是没收犯罪分子个人所有财产的一部或者全部。没收全部财产的，应当对犯罪分子个人及其扶养的家属保留必需的生活费用。在判处没收财产的时候，不得没收属于犯罪分子家属所有或者应有的财产"。可见，在执行中，没收财产的范围应考虑以下两方面因素：

（1）必须保留犯罪人及其扶养家属的必需生活费用。保留这部分生活费用是在判决没收犯罪人全部财产的情况下考虑的，如果只判决没收犯罪人部分财产，说明另有一部分犯罪人的财产可供其本人及其家属生活所用，其家属还可能另有财产或收入可供生活，因而不必再予以保留。人民法院在审判时未考虑保留犯罪人及其扶养家属的必需生活费用而作出没收犯罪人全部财产的，在执行中应予考虑。至于"必需生活费用"的范围，参考前面已阐述过的民事执行的有关内容。

（2）不得没收属于犯罪人家属所有或者应有的财产。犯罪人家属所有的财产，主要是指家属本人的所有财产，如生活用品等；犯罪人家属应有的财产包括家庭共有财产中家属应得的一份，对这些财产处以没收，将造成对他人合法权益的侵犯。如果在执行程序中发现已判决没收这些财产，对家属所有部分是错判的，应当提起审判监督程序予以纠正。

二、财产刑的执行程序

为完善财产刑的执行制度，规范财产刑的执行工作，依照《中华人民共和国刑法》、《中华人民共和国刑事诉讼法》等法律规定，《最高人民法院关于财产刑执行问题的若干规定》（以下简称《财产刑执行若干规定》）于 2009 年 11 月 30 日由最高人民法院审判委员会第 1478 次会议通过，自 2010 年 6 月 1 日起施行。《财产刑执行若干规定》在规范财产刑执行程序上坚持了以下原则：一是有利于依法规范执行活动的原则。《财产刑执行若干规定》关于财产刑执行程序的规定，对于完善财产刑执行制度，规范财产刑执行工作，具有重要意义。二是有利于提高执行效率的原则。《财产刑执行若干规定》对财产刑执行期限的规定，对执行工作衔接、工作措施等的规定，将有效地理顺财产刑执行的工作流程，合理划分法院各部门的职责分配，有利于提高财产刑执行的工作效率。

（一）财产刑的执行机构

《财产刑执行若干规定》首次明确了财产刑执行的机构，改变了以往财产刑执行机构不统一的局面。一是明确了财产刑执行的法院级别，规定财产刑由第一审人民法院执行；二是改变了以往多头执行、做法不统一的局面，明确了财产刑的执行机构，统一由人民法院的执行局负责执行；三是明确了被执行的财产在异地的，第一审人民法院可以委托财产所在地的同级人民法院代为执行。

《财产刑执行若干规定》将财产刑执行交由执行局统一负责，主要是基于以下考虑：第一，符合审执分离原则，审判权与执行权由不同的职能部门行使，使审判权与执行权明确分离，可以实现司法职权的科学优化配置。第二，有利于发挥执行局的专业优势和执行力量，更好地处理财产刑执行过程中的各种问题，妥善处理各类矛盾。第三，有利于执行资源的优化组合，提高财产刑执行效率，节约司法成本。第四，有利于财产刑执行工作的规范化，维护司法权威。

（二）财产刑的执行期限和措施

《财产刑执行若干规定》出台之前，法律和司法解释对财产刑执行程序规定不明确，《财产刑执行若干规定》把规范财产刑执行的程序作为一项重点内容：

一是对财产刑执行的期限进行了规范。体现在：（1）规定对没收财产的执行，人民法院应当立即执行；（2）规定被执行人向执行法院申请减少或者免除的，执行法院应当在收到申请后一个月内依法作出裁定。

二是对人民法院的执行措施、内部机构的工作衔接等进行了规范。体现在：（1）规定第一审人民法院对有关财产刑执行的法律文书应当先进行立案，然后进入执行程序；（2）人民法院应当依法对被执行人的财产状况进行调查，并可采取查封、扣押、冻结等强制执行措施。

（三）财产刑的执行顺序

罪犯承担的刑事附带民事诉讼赔偿、第三人正当债权是财产刑执行中遇到的一个难题。有的案件被告人财产不足以同时支付罚金刑和刑事附带民事诉讼赔偿，或者不足以同时支付罚金刑和第三人正当债权，这就涉及到一个执行顺序问题。《刑法》第六十条的规定解决了没收财产刑与罪犯所负正当债务的优先顺序问题，规定没收财产以前罪犯所负正当债务，需要以没收的财产偿还的，经债权人请求，应当偿还。这条规定体现了立法对第三人正当债权的优先保护，及对公民合法财产权的优先保护。根据《刑法》第六十条的规定和精神，《财产刑执行若干规定》明确了财产刑执行与刑事附带民事诉讼赔偿、正当债务偿还的顺序。规定被判处罚金或者没收财产，同时又承担刑事附带民事诉讼赔偿责任的被执行人，应当先履行对被害人的民事赔偿责任；并规定判处财产刑之前被执行人所负正当债务，应当偿还的，经债权人请求，先行予以偿还。

对于同时存在刑事附带民事诉讼赔偿和第三人正当债权的财产刑执行案件，目前没有规定。我们认为，宜首先保障被害人因刑事犯罪而受到的人身损害赔偿得到实现，优先维护被害人的合法权益。至于被害人的非人身损害刑事附带民事赔偿与正常债务谁先赔偿问题，宜具体案件酌情处理。

（四）罚金刑的减免

我国刑法对于罚金的减免条件规定为“遭遇不能抗拒的灾祸缴纳确实有困难”。2000年最高人民法院《关于适用财产刑若干问题的规定》对财产刑减免条件进一步解释为“因遭受火灾、水灾、地震等灾祸而丧失财产；罪犯因重病、伤残等而丧失劳动能力，或者需要罪犯抚养的近亲属患有重病，需支付巨额医药费等，确实没有财产可供执行”。实践中遇到罚金刑减免的条件问题，仍按照《关于适用财产刑若干问题的规定》办理。

《财产刑执行若干规定》重点明确了罚金刑减免的程序问题：一是明确了法院审理罚金刑减免申请的期限为收到申请后一个月；二是明确了法院审理罚

金刑减免申请后应当以裁定的方式作出准予减免或者驳回申请的裁决。这一规定对罚金刑减免程序的明确化、具体化，将从一定程度上缓解实践中存在的罚金刑减免申请难的问题。

（五）执行中止与终结

执行中止是指案件在执行过程中，由于特定情况出现而导致执行暂时不能继续进行，需要等到这种状况消失后再行恢复执行的情形。《财产刑执行若干规定》第八条规定，具有下列情形之一的，人民法院应当裁定中止执行；中止执行的原因消除后，恢复执行：（一）执行标的物系人民法院或者仲裁机构正在审理的案件争议标的物，需等待该案件审理完毕确定权属的；（二）案外人对执行标的物提出异议确有理由的；（三）其他应当中止执行的情形。

在执行过程中，由于发生某种特殊情况，执行程序没有必要或不可能继续进行，从而结束执行程序的，叫执行终结。《财产刑执行若干规定》第九条规定，具有下列情形之一的，人民法院应当裁定终结执行：（一）据以执行的刑事判决、裁定被撤销的；（二）被执行人死亡或者被执行死刑，且无财产可供执行的；（三）被判处罚金的单位终止，且无财产可供执行的；（四）依照刑法第五十三条规定免除罚金的；（五）其他应当终结执行的情形。人民法院裁定终结执行后，发现被执行人有隐匿、转移财产情形的，应当追缴。

【思考题】

1. 法院刑事执行的涵义和执行名义是什么？
2. 死刑的执行如何组织与实施？执行前应做好哪些准备？
3. 如何理解罚金型的特殊性？罚金刑的执行应注意哪些方面？
4. 没收财产型的执行必须考虑哪些方面？
5. 财产型执行与刑事附带民事诉讼赔偿、正当债务出现冲突时，应按照什么顺序来执行？为什么？

第二部分

法院执行实务

学习情境一　对存款、劳动收入和到期债权的执行

【学习目的与要求】

知晓对被执行人银行存款、劳动收入和到期债权的调查途径与方法；掌握对银行存款、劳动收入和到期债权适用的执行措施与执行程序；能够根据被执行人的具体情况灵活运用调查手段与执行措施。

【学习重点】

对被执行人银行存款、劳动收入和到期债权的调查途径与方法；对银行存款和劳动收入、到期债权适用的执行措施与操作程序。

学习任务一　对存款的执行

存款是被执行人储蓄或存放在银行、信用社或其他金融机构的货币资产。目前我国允许公民、法人或其他组织存放货币资产的金融机构主要有银行、信用社。存款凭证有存折、卡两种形式。

一、调查途径与方法

（一）对被执行人为公民个人的调查

（1）申请人提供。债权人在申请执行时，应当将其所了解的债务人财产线索如实告知执行法院。债权人在与债务人交往中，可能通过汇款账户或者债务人主动向债权人提供的账户信息掌握被执行人的开户行、账号情况。对债权人提供的这些线索执行人员要记入执行笔录并及时查证。对申请人提供的情况执行人员可以进一步询问，使信息详尽明确，尽可能具体到开户行，以便查询。

（2）被执行人申报。执行法院有权责令被执行人申报收到执行通知之日前一年的财产情况和变动状况，包括现在的存款情况、账户信息。执行法院责令被执行人申报财产的，应当向被执行人发出申报财产令，并由被执行人在送达回证上签字。对于被执行人申报的存款情况及账户信息执行人员应及时查证。

（3）到金融机构查询。执行法院依职权到金融机构查询是掌握被执行人存款情况的最主要的途径。即使是申请人提供或者被执人申报存款情况，也必须由执行人员到金融机构查证是否属实。

到金融机构查询前，执行人员应先掌握被执行人的身份信息，其中被执行人的身份证号码是最关键且不可或缺的。执行人员可以通过查阅生效法律文书、被执行人的身份证或户口本、到公安机关调查核实，准确掌握被执行人及家庭成员的身份情况，包括姓名、性别、年龄、住址、身份证号码，为查询个人存款提供依据。然后，以被执行人的住所、经常居住地或主要活动场所为中心，界定其可能存款的范围，持执行公务证、工作证和协助查询通知书到该范围内的各金融机构进行查询。

查询时，金融机构收到协助查询通知书后，应安排工作人员根据通知书上的信息马上进行查询，并在查询回执上写明查询结果，由经办人员在查询回执和送达回证（签收协助查询通知书）上签名并加盖公章。执行人员还可以根据需要对查询或查阅的有关资料，包括被执行人开户、存款情况以及会计凭证、账簿、有关对账单等资料（含电脑储存资料）抄录、复制、照相，以上材料要由金融机构加盖印章。最后，执行人员将查询回执、抄录、复制照相等有关资料连同签收的送达回证一并收回。

（4）搜查被执行人的人身或住所获取被执行人的存折或银行卡，然后到相关金融机构查询。

（5）通过法院执行管理系统查找被执行人在法院的涉案情况，以获取相关信息。

（二）对被执行人为法人或其他组织的调查

（1）申请人提供。被执行人为法人或其他组织时，申请人往往可以从合同书、增值税发票或其他途径了解到被执行人的账户信息，在申请执行时，申请人应当将其所了解的这些信息如实告知执行法院。对债权人提供的这些线索执行人员要记入执行笔录并及时查证。

（2）被执行人申报。执行法院有权责令被执行人申报收到执行通知之日前一年的财产情况和变动状况，包括现在的存款情况、账户信息。执行法院责令被执行人申报财产的，应当向被执行人发出申报财产令，由法定代表人或主要负责人进行申报。对于被执行人申报的存款情况及账户信息执行人员应及时查证。

（3）到金融机构查询。执行法院依职权到金融机构查询是掌握被执行人存款情况的最主要的途径。即使是申请人提供或者被执人申报存款情况，也必须由执行人员到金融机构查证是否属实。

对被执行人为法人或其他组织查询存款的，执行人员应先到工商行政管理部门查询被执行人的注册登记信息，包括组织机构的名称、营业执照号码、经营性质、经营场所、法定代表人或主要负责人、法人或其他组织的基本账户、其他账户。然后，根据注册登记的信息，持执行公务证、工作证和协助查询通知书到当地的人民银行营业部查询该单位的存款情况。

查询时，人民银行收到协助查询通知书后，应安排工作人员根据通知书上的信息马上进行查询，并在查询回执上写明查询结果，由工作人员在查询回执和送达回证（签收协助查询通知书）上签名并加盖公章。执行人员还可以根据需要对查询或查阅的有关资料，包括被执行人开户、存款情况以及会计凭证、账簿、有关对账单等资料（含电脑储存资料）抄录、复制、照相，以上材料要由人民银行加盖印章。最后，执行人员将查询回执、抄录、复制照相等有关资料连同签收的送达回证一并收回。

（4）搜查被执行人的财务室或其他办公场所获取被执行人的存折、银行卡，或者从搜查到的银行存款日记账上找到账户信息，然后到银行查询。

（5）通过被执行人登记住所地的税务登记管理机关查询被执行人的缴税账户，根据掌握的缴税账户查询存款。

二、执行措施与执行程序

对存款可以适用的执行措施有冻结、划拨。

冻结存款的，执行人员应出具工作证、执行公务证，制作并向金融机构送达冻结裁定书副本和协助冻结通知书，在金融机构负责人签字后由该机构工作人员按照协助通知书上的数额冻结存款或资金。如果当前存款少于通知冻结的数额时，金融机构应通知执行法院，冻结现有存款，并在冻结的有效期限内将以后进入该账户的资金连续冻结直至达到应当冻结的总额。最后，执行人员将执行过程和执行结果制作执行笔录，笔录应载明下列内容：（1）执行措施开始及完成的时间；（2）被执行存款的账户信息和数额；（3）其他应当记明的事项。执行人员及工作人员应当在笔录上签名。

直接划拨存款或资金时，执行人员应出具工作证、执行公务证，并向金融机构送达划拨裁定书副本、协助划拨通知书和生效法律文书副本，在金融机构负责人签字后由该机构工作人员按照协助通知书上的数额将存款或资金划入执行法院指定的账户。如当前存款或资金少于指定扣划数额，则先扣划现有资金，并在以后有资金进入该账户下时通知执行法院。执行人员划拨存款时，也应制作执行笔录，内容如同冻结的执行笔录，执行人员及工作人员应当在笔录上签名。

冻结、划拨被执行人存款的，应当向执行双方当事人送达冻结、划拨裁定书，并由其在送达回证上签收，或者适用留置送达、公告送达。送达给协助执行人的法律文书也应由受送达人在送达回证上签字印章。

三、注意事项

人民法院在冻结、划拨存款时应注意以下事项：

（1）冻结和划拨不得明显超出被执行人应当履行义务的范围。应当将被执行人应承担的诉讼费、执行费、迟延履行金或迟延履行债务利息及其他法定费用一并计算在内。

（2）根据法律、法规规定，不得执行的特殊款项人民法院不得冻结或划拨。

（3）人民法院可以直接到异地金融机构冻结、划拨被执行人的存款或资金。

（4）被冻结的款项在冻结期限内如需解冻，应以作出冻结决定的人民法院签发的“解除冻结存款通知书”为凭，银行不得自行解冻。“解除冻结存款通知书”应送达双方当事人。

（5）金融机构在接到人民法院的协助执行通知书后，向当事人通风报信，致使当事人转移存款的，法院有权责令该金融机构限期追回，逾期未追回的，可以按照《民事诉讼法》第一百零二条的规定予以罚款、拘留；构成犯罪的，依法追究其刑事责任，并建议有关部门给予行政处分。

（6）对家庭共有存款的执行。被执行人个人账户下存款不足以清偿债务的，执行法院可以查询其他家庭成员的存款账户，并视情况执行：①如果生效法律文书中的债务为被执行人个人债务的，对共有存款可冻结，被执行人配偶或子女书面认可为被执行人个人所有的可划拨；否则要由被执行人家庭成员协商分割存款，协商分割结果经申请人同意，执行相应数额存款，协商不成或申请人不同意协商结果的，由共有人提起析产诉讼或申请人代位提起析产诉讼，待判决生效后再扣划被执行人份额。②如果债务为共同债务的，以裁定追加其他债务人为共同被执行人，并向被追加的被执行人送达追加裁定书和执行通知书，然后冻结或直接划拨相应数额共有存款。

学习任务二　对劳动收入的执行

被执行人为自然人的，其收入包括劳动收入和非劳动收入。劳动收入是指被执行人通过付出体力或脑力劳动从而获取的报酬，包括工资、奖金、各种津贴、补贴，以及单位发放的与劳动密切相关的福利待遇，也包括被执行人通过业余时间付出劳动获得的稿酬、讲课费、咨询费、劳务费等。劳动收入是被执行人的主要财产来源之一，是被执行人财产的一部分，因此可以成为执行标的。对公民的劳动收入执行时，注意区分劳动收入与到期债权，因为二者适用的执行措施和程序是完全不同的。劳动收入是广义的到期债权的一种，但是由于劳动收入在支付上较之其他债权具有某种程度的确定性和必然性，因此在执行程序上可以作相对简单化的处理。公民的非劳动收入也可以成为执行标的，包括租金收入、股息、红利收入等，可以参照对劳动收入的执行。

一、调查途径与方法

对公民被执行人的劳动收入的调查可以通过以下途径：

（1）申请人提供。申请人应当将自己所了解到的被执行公民的有关收入线索或者工作单位向人民法院提供。对申请人提供的这些线索或情况执行人员要记入执行笔录并及时查证。

（2）被执行人申报。人民法院有权向被执行人发出财产申报令，责令其向执行法院书面汇报收入情况。并根据被执行人的申报去其所在单位或有关单位及时查证是否属实。

（3）执行人员到被执行人住所地或经常居住地的公共就业服务机构、街道办事处或村委会、社保机构、公积金管理中心等调查被执行公民工作单位和收入情况，并根据所调查的情况去被执行人所在单位或有关单位调查其收入。

（4）到被执行人住所地或经常居住地的银行或储蓄所查询被执行人的工资账户。

（5）通过法院执行管理系统查找被执行人在法院的涉案情况，以获取相关信息；或者应申请人的要求悬赏查找被执行人的收入线索。

二、执行措施与执行程序

对被执行人为公民的劳动收入可以适用扣留、提取的执行措施。

人民法院扣留被执行人的收入的，执行人员必须制作扣留裁定书，送达当事人，需要其他单位协助执行时，必须出具工作证和执行公务证，向协助执行的单位送达协助执行通知书和扣留裁定书。

人民法院提取被执行人收入时，执行人员必须制作提取裁定书，送达当事人，需要其他单位协助执行时，必须出具工作证和执行公务证，向协助执行的单位送达协助执行通知书和提取裁定书。被执行人的收入转为储蓄存款的，执行人员应当责令其交出存单。拒不交出的，执行人员可以进行搜查。提取存款时，应当作出提取其存款的裁定送达当事人，并向金融机构发出协助执行通知书，并附生效法律文书副本和提取裁定书，由金融机构提取被执行人的存款交人民法院或存入人民法院指定的账户。

对公民的劳动收入采取执行措施的，执行人员应当制作执行笔录，载明执行措施的开始和结束时间、被执行人的收入数额及支付情况、被扣留或提取的数额以及其他应记明事项，并由执行人员和被执行人所在单位或相关单位工作人员签字。

三、注意事项

(1) 要根据当地经济发展和消费水平以及被执行人及其所扶养的家属成员情况保留必要的生活费用和完成义务教育的费用，法律、法规和司法解释对必要生活费用没有明确规定，建议参照城乡居民最低生活保障标准确定。

(2) 收入一次性可以清偿债务的，直接提取；收入不足以一次性清偿债务的，可以连续扣留待留足适当数额时提取，也可以分次提取。

(3) 被执行人为公民的其他收入可以参照劳动收入适用执行措施和程序。

(4) 住房公积金、退休金、养老金以及拆迁安置补偿款等都是个人收入的一部分，可以强制执行，但在执行时应注意根据被执行人及其所扶养的家属成员情况保留必要的生活费用和完成义务教育的费用。

学习任务三　对第三人到期债权的执行

到期债权是被执行人对第三人享有的已届履行期限的债权，到期债权是被执行人的一种财产权利，因此可以成为执行标的。对第三人到期债权的执行是在被执行人不能履行到期债务，但对第三人享有到期债权的，法院可根据申请人的申请对被执行人的债务人发出履行债务的通知，由受通知的债务人直接向申请人履行债务或者将执行标的交执行法院提存的执行方法或手段。

一、调查途径与方法

(一) 对被执行人为公民的到期债权的调查可以通过以下途径:

(1) 由被执行人主动向人民法院报告。对于被执行人与第三人之间的债权债务关系，被执行人最清楚，提出的证据也较全面准确，执行的可行性也最大。

(2) 申请人向人民法院提供。申请人可能掌握一些被执行人对第三人享有债权的线索，但这种线索往往不太具体，其真实性也无以保证，所以需要执行人员通过对被执行人的讯问或对第三人的调查进一步查证是否属实。

(3) 通过其他人的举报得知。

(二) 对被执行人为法人或其他组织的到期债权的调查可以通过以下途径:

(1) 由被执行法人或其他组织的法定代表人或主要负责人主动向人民法院报告。

(2) 人民法院从被执行法人或其他组织的财务资料中得知。建立会计制度的法人或其他组织的财务资料对债权有明确记载，执行人员可以从资产负债表的资产栏应收账款和其他应收款科目查找被执行人的到期债务人和债权数额。

（3）通过申请人提供线索查证或其他人的举报得知。

二、执行措施与执行程序

对到期债权的执行是对债务人债权的执行，第三人与申请人之间并无法律上的利害关系，因此，对到期债权的执行程序与被执行人的其他财产有所不同。

（1）首先，应当由申请人提出执行被执行人对第三人到期债权的申请，原则上应采用书面形式。

（2）执行法院应向第三人发出履行通知，履行通知应当包含以下内容：一是第三人对履行债务没有异议的，应在收到履行通知后的十五日内直接向执行债权人履行其对执行债务人所负的债务，不得向执行债务人清偿；二是第三人对履行债务有异议的，应当在收到履行通知后的十五日内向执行法院提出；三是第三人违背上述义务的法律后果。履行通知应直接送达第三人。

（3）第三人提出异议或者履行债务。第三人对其与被执行人之间的债权债务在十五日内书面提出实质性异议的，包括：全部或部分否认债权债务的存在；债权尚未到期；已经清偿债务；存在其他对抗债务人请求的事由。对第三人提出的异议，执行法院应进行形式审查，经审查异议成立的，履行通知就自然失效，对第三人财产不得执行。第三人在十五日内向申请人履行了对被执行人的债务的，执行法院对第三人不得再执行，并应出具有关证明。

（4）裁定追加第三人为被执行人。对于执行法院的履行通知，第三人没有在十五日内提出异议，或者提出异议不成立，又不履行债务的，执行法院可裁定追加第三人为被执行人，并将裁定书送达第三人和被执行人。

（5）对第三人财产强制执行。有关的执行措施与对直接被执行人的执行措施一样，应根据财产的具体内容分别适用。

（6）由执行法院出具有关证明。第三人已被人民法院强制执行的财产，执行法院应当出具履行证明。

三、注意事项

（1）执行第三人到期债权只能在被执行人不能清偿债务情况下适用。不能清偿债务是指执行人员穷尽调查和执行措施后债权人的债权仍未全部清偿完毕。

（2）应当由申请人提出申请。执行法院不能依职权决定执行。

（3）第三人虽然在十五日内未提出异议，但在被追加为被执行人后仍然可以针对其与被执行人之间的债权债务提出实体异议和程序异议。

（4）对第三人执行后债权仍有未受清偿的，不得再追加第三人的到期债权人。

(5)对于被执行人的未到期债权，可以向被执行人的债务人发出协助执行通知书和民事裁定书，要求其协助法院执行，停止支付该笔债务给被执行人，待债务到期后再向债务人发出限期履行通知书，要求按时履行。

(6)第三人在收到法院的履行通知书或协助执行通知书后擅自向被执行人支付的，人民法院有权责令其追回，不能追回的，除在已履行的财产范围内与被执行人承担连带清偿责任外，可以追究其妨害执行的责任。

(7)被执行人收到人民法院履行通知后，放弃其对第三人的债权或延缓第三人履行期限的行为无效，人民法院仍可在第三人无异议又不履行的情况下予以强制执行。

【训练案例一】

许某是陕西省丹凤县村民，2006年4月，由于在给杭州市江干区彭埠焦某建房时不慎从楼上摔下，致左腿多处骨折，许某于2006年6月将焦某诉至江干区法院。法院依法判决焦某对许某赔偿2.4万元医药费，并承担诉讼费300元。判决生效后，焦某未按时履行其赔偿义务，许某依法向法院申请强制执行。

问题：

1. 接手案件后，执行承办人接下来需要做哪些工作？

2. 如果被执行人焦某没有主动提供其财产状况，而承办人经了解又觉得他在银行可能有存款，那么承办人应如何调查其银行存款情况？应遵循哪些程序要求？

3. 承办人经查询发现焦某在工商银行有1.5万元存款，此时可采取哪些措施？具体程序如何进行？

4. 在执行中，焦某主动向执行人员提供信息，房客王某欠自己4000元的租金。对此信息，执行人员如何处理？

5. 执行过程中，焦某由于意外事故死亡，执行人员应如何处理此案？

【训练案例二】

2009年5月王某与李某因借款纠纷起诉到法院，审理后法院判决李某支付本息共计31万元。判决生效后李某没有按判决要求履行义务。为此，王某于2010年6月向法院申请强制执行。案件进入执行程序后，法院依法向李某送达了执行通知书与传票，但李某仍拒绝履行义务。

问题：

1. 王某向法院提供线索称，李某在某外企任职，收入颇丰。对此线索，执行承办人应如何处理？

2. 如果承办人经了解李某确实在某外企任职，月工资 5000 余元，承办人可以采取哪些措施？

3. 李某向执行承办人告知张某于 2008 年 5 月 5 日借了李某 35000 元，约定利率 3.7%，借款期限两年，但至今未还，并提供张某签字的借条一张。对李某告知的情况执行承办人如何处理？怎样操作？

【训练案例三】

2007 年 11 月 20 日，申请人甲公司因被执行人乙公司没有在法院判决期限内支付货款 35 万元，向某区法院申请强制执行。根据调查发现，被执行人乙公司暂无实际履行能力，而对丙公司和丁公司有债权，丙公司和丁公司也认可与被执行人乙公司之间存在债权债务关系，但债权到 2008 年 6 月 30 日到期。某区法院遂作出民事裁定书，扣留被执行人乙公司对丙公司享有的债权 20 万元，对丁公司享有的债权 15 万元。某区法院向被执行人乙公司送达了民事裁定书，分别向丙公司和丁公司送达了民事裁定书和协助执行通知书。被执行人乙公司以及丙公司、丁公司均未提出异议。

2008 年 6 月 30 日，扣留的上述两项预期债权到期。某区法院向乙公司送达了提取对丙公司到期债权 20 万元和对丁公司的到期债权 15 万元的民事裁定书，同时向丙公司和丁公司送达了民事裁定书和协助执行通知书，要求协助提取到期债权。被执行人乙公司在接到某区法院扣留其到期债权的民事裁定书后，以对丙公司和丁公司没有债权为由提出异议。丙公司和丁公司没有在法定期限内提出任何异议，但因担心与被执行人乙公司将来的合作关系受到影响，也不协助执行。

某区法院认为，乙公司在收到第一份扣留债权民事裁定书后没有提出异议，视为认可该债权的存在。债权到期后，丙公司、丁公司均未提出异议，也不主动履行协助执行义务，应当强制执行。遂从丙公司划拨 20 万元，从丁公司划拨 15 万元。

【思考题】

1. 被执行人乙公司对丙公司和丁公司的未到期债权，执行法院采取的措施是否正确得当？

2. 被执行人乙公司对丙公司和丁公司的债权到期后，某区法院应怎样执行？

3. 被执行人乙公司提出的理由能否成立？对乙公司的执行异议法院应怎样处理？

4. 该债权能否强制执行？

学习情境二　对投资权益的执行

【学习目的与要求】

知晓对被执行人投资权益的调查途径与方法；掌握对被执行人在有限公司中股权、上市公司中股票适用的执行措施与执行程序；能够根据被执行人的具体情况灵活运用调查手段与执行措施。

【学习重点】

对股权、股票的调查途径与方法；对股权、社会法人股、社会流通股适用的执行措施与执行程序。

投资权益是投资者投资于有限责任公司或股份有限公司后，对该有限责任公司或股份有限公司依法享有的资产收益和参与重大决策、选择管理者等权利的合称，又称为股权。由于投资者在有限责任公司和股份有限公司的股权凭证不同，转让的程序也不同，我们把执行中对被执行人投资权益的执行分为对有限责任公司中股权的执行和对股份有限公司中股票的执行两个任务进行介绍。

学习任务一　对有限责任公司股权的执行

由于有限公司股东的股权凭证为出资证明书，而出资证明书不能作为一种有价证券进行交易，所以在执行被执行人在有限责任公司投资权益时，不能通过买卖出资证明书获取价款从而实现法律文书的内容，所以只能执行股权。这里对股权的执行是指对有限责任公司中股权的执行。

一、调查途径与方法

(1) 被执行人申报。执行人员有权责令被执行人、被执行法人或其他组织的法定代表人、主要负责人如实申报财产情况，包括股权、投资权益等财产性权利。对于被执行人未申报而执行人员认为可能有隐瞒情况的，执行人员可以进一步询问。

(2) 被执行人是建立有会计制度的法人或其他组织的，执行人员可以通过对被执行人会计资料的审查或聘请专业的审计人员审计得知被执行人对其他公司是否享有股权以及股权的具体数额、比例等情况。如果被执行人拒不交出会计资料的，可以进行搜查。

（3）根据申请人或其他人提供的线索到相关公司的工商登记部门调取登记资料得知。股东的出资份额、出资比例、出资形式和缴资时间在被投资公司的工商注册或变更登记资料中有详细记载，执行人员只要能够掌握相关公司的准确名称就可以到其注册登记地的工商行政管理部门获知被执行人的投资情况。一旦查证被执行人在该公司确有股权，应立即办理冻结股权手续。

（4）通过法院执行管理系统查找被执行人在法院的涉案情况，以获取相关信息。

二、执行措施与执行程序

（一）冻结

对被执行人在有限责任公司、其他法人企业中的投资权益或股权人民法院可以采取冻结措施。冻结的目的是为了防止被执行人擅自转让股权、从被投资公司或企业法人获取投资收益。因此冻结股权的程序如下：

（1）向申请人和被执行人送达冻结股权裁定书。要求被执行人不得自行转让被冻结的股权或投资权益。

（2）到企业登记主管机关办理冻结手续。股权只有经过登记才能对抗第三人，对有限责任公司或法人企业中股权进行登记的通常是工商行政管理机关。对被执行人股权的冻结应尽快到工商行政管理部门办理冻结手续。冻结时，应出示执行公务证和工作证，制作并向工商行政管理机关送达冻结裁定书副本、协助执行通知书，要求登记机关暂停办理转让被冻结股权的变更登记。对于一些特殊公司如证券公司、保险公司等，法律法规明确规定这类公司的设立、变更、股权的转让等行为必须经过有关主管部门审批的，也应同时向审批机关送达冻结裁定书和协助执行通知书，避免在冻结后审批机关同意对冻结股权的转让。

（3）通知有关企业不得办理被冻结投资权益或股权的转移手续，不得向被执行人支付股息或红利。通知时应当送达协助执行通知书和冻结裁定书副本。

（二）提取

对被执行人从有关企业中应得的已到期的股息或红利等收益，人民法院有权作出裁定禁止有关企业直接向申请执行人支付。对被执行人预期从有关企业中应得的股息或红利等收益，人民法院可以采取冻结措施，到期后人民法院可从有关企业中提取。提取时，应向有关公司或企业送达协助执行通知书和提取裁定书副本，并出具提取收据。

【注意】

如果被执行人应得的已到期的股息或红利、预期从有关企业中必然可得的股息或红利足以清偿全部债务的，不得对股权强制转让，应从股息、红利中提取清偿债务。如果以上股息、红利不能清偿全部债务的，可考虑对该股权强制转让。

（三）拍卖

股权被冻结后，被执行人拒不履行义务或其他财产不足以清偿债务的，人民法院应及时通知公司和其他股东，告知已被冻结的股权在规定期限内，依法定方式先在公司内部处理，如其他股东优先购买，经人民法院对股权转让价款审查同意的，执行法院可以将该股权转让的价款直接交付申请人，股权执行结束。如其他股东在规定期限内不作购买意思表示的，人民法院可以对该股权予以拍卖。具体程序如下：

（1）作出拍卖裁定书，送达给被执行人。

（2）委托具有相应资质的评估公司对拟拍卖的股权进行评估。评估机构由当事人协商一致后经人民法院审查确定；协商不成的，从负责执行的人民法院确定的评估机构名册中，采取随机的方式确定；当事人双方申请通过公开招标方式确定评估机构的，人民法院应当准许。评估时人民法院应当与评估机构签订委托评估合同，并向评估公司提供必要的材料包括公司营业执照、公司章程、公司的财务资料等。

人民法院收到评估机构作出的评估报告后，应当在五日内将评估报告发送当事人及其他利害关系人，如对评估报告有异议的，可以在收到评估报告后十日内以书面形式向人民法院提出。当事人或者其他债权人有证据证明评估机构、评估人员不具备相应的评估资质或者评估程序严重违法而申请重新评估的，人民法院应当准许。如没有异议的，则由人民法院委托拍卖。

（3）委托具有相应资质的拍卖机构进行拍卖。拍卖机构由当事人协商一致后经人民法院审查确定；协商不成的，从负责执行的人民法院确定的拍卖机构名册中，采取随机的方式确定；当事人双方申请通过公开招标方式确定拍卖机构的，人民法院应当准许。

选定拍卖机构后，人民法院与拍卖机构签订委托拍卖合同，向拍卖机构送达拍卖裁定书副本，并参考评估价确定拍卖的保留价。

（4）做好拍卖的准备工作。执行法院可在确定拍卖机构的同时，再次采取书面方式通知该股权所在公司的其他股东或合资者，要求他们限期作出是否认购该投资权益的书面表示。逾期不作出的，视为放弃优先购买权。人民法院在拍卖五日前应以书面或者其他能够确认收悉的适当方式，通知当事人和已知的担保物权人、表示认购的优先购买权人或者其他优先权人拍卖的时间和地点，并书面告知所有竞买人关于拍卖标的可能被优先购买的情况。对竞买人人民法院也可以责令其向法院预交保证金，申请人除外。

（5）进行拍卖。在拍卖中，参加竞买的股权所在公司、企业的其他股东、合资者在同等条件下有优先购买权，如果其他股东经通知不参加竞买或者应价不是最高者，则由其他参加竞买的人买受。

（6）支付佣金。拍卖成交的，拍卖机构向买受人收取佣金；拍卖未成交或者非因拍卖机构的原因撤回拍卖委托的，拍卖机构为本次拍卖已经支出的合理费用，应当由被执行人负担。

（7）拍卖后的处理。拍卖成交的，买受人应当在指定的期限内将价款交付到人民法院或者汇入人民法院指定的账户。执行法院向买受人送达拍卖成交裁定书，并到工商行政管理部门和股权所在公司办理解除冻结手续，买受人持执行法院出具的协助执行通知书、拍卖成交裁定书以及身份证明到工商行政管理部门请求变更登记。然后，由工商部门书面通知股权所在的公司或企业限期办理相关的变更登记或备案手续，公司或企业逾期不予办理变更手续的，由登记机关依法给予行政处罚。

股权流拍的，执行法院须当场公开保留价，优先购买权人表示愿以保留价认购的，应确认其为买受人。顺序相同的多个优先购买权人同时表示买受的，以抽签方式决定。优先购买权人无人以保留价认购的或者不认购的，执行法院应先征询申请人或其他债权人是否愿意按保留价以该投资权益抵债，债权人接受抵债的，人民法院作出以股抵债裁定；债权人拒绝以股抵债或者抵债价格低于本次流拍保留价，债务人不同意的，执行法院应当在六十日内再行拍卖。对于第二次拍卖仍流拍的，仍按第一次流拍后的程序分别征询优先购买权人、申请人或其他债权人意见，是否愿以第二次保留价认购或者抵债。既无优先购买权人认购，申请执行人或者其他债权人拒绝接受抵债的，人民法院应当解除冻结。

（四）变卖

对于被冻结的股权，申请人与被执行人双方及有关权利人同意不进行拍卖的，可以变卖。执行法院可以自行组织变卖或者交付有关单位变卖，其程序如下：

（1）制作变卖裁定书并送达被执行人。

（2）确定变卖价。可以由当事人双方及有关权利人约定的价格变卖；或者委托评估机构进行评估。按照评估价格变卖不成的，可以降低价格变卖，但最低的变卖价不得低于评估价的二分之一。

（3）书面通知其他股东、合资者，要求他们限期作出是否认购该股权的书面表示。逾期不作出的，视为放弃优先购买权。

（4）变卖。优先购买权人愿以约定或评估价格买受该股权的，执行法院应当保证其优先购买权。其他股东、合资者放弃优先购买权的，执行法院可以交付其他单位变卖，执行法院应与有关单位签订委托变卖合同。法院自行变卖的，要公开进行，但执行法院和执行人员不得自行买受。

（5）变卖结果处理。变卖成交后，应收取价款，扣除执行费用和有关费用后清偿债权人，制作变卖成交裁定送达买受人，到股权登记机关和股权所在公司办理解除冻结手续。买受人持执行法院出具的协助执行通知书、变卖成交裁定书、身份证明到工商行政管理部门请求变更登记。然后，由工商部门书面通知投资权益所在的公司或企业限期办理相关的变更登记或备案手续，公司或企业逾期不予办理变更手续的，由登记机关依法给予行政处罚。

该股权无人应买的或者评估价为负值的，执行法院将其交申请执行人或者其他执行债权人抵债；申请执行人或者其他执行债权人拒绝接受抵债的，人民法院应当解除冻结。

（五）以股抵债

对于拍卖、变卖不成的，执行法院可以征询申请人或其他债权人意见，是否接受以股抵债，具体程序如下：

（1）抵债价款等具体问题用书面形式征得申请执行人或其他债权人同意，确定抵债价款后应通知其他股东、合资者，是否愿以该价格优先购买，如购买则结束以股抵债，按变卖处理；如不认购，则按以下程序继续。

（2）作出以股抵债裁定，并及时送达被执行人、接受股权的申请人或其他债权人。

（3）办理过户手续。申请人或其他债权人接受以股抵债后，执行法院应及时对该股权解冻。申请人或其他债权人持执行法院出具的协助执行通知书、以股抵债裁定书和身份证明到工商行政管理部门请求变更登记。然后，由工商部门书面通知股权所在的公司或企业限期办理相关的变更登记或备案手续，公司或企业逾期不予办理变更手续的，由登记机关依法给予行政处罚。

抵债股权价值不足清偿债务的，应当继续执行不足部分。申请执行人或者其他执行债权人拒绝接受抵债的，人民法院应当解除冻结。

三、注意事项

（1）只有在被执行人无现金、存款、股息、红利和其他财产可供执行的，或者执行其他财产比执行股权更为复杂或困难的，或者上述财产不足以清偿债务的情况下，才考虑执行股权。

（2）冻结被执行人的股权，以其价额足以清偿法律文书确定的债权额及执行费用为限，不得明显超标的额冻结。冻结后，经评估发现被冻结的股权价值明显超出债务人义务范围的，应对超出部分的股权解除冻结。

（3）被执行人就已经冻结的股权所作的移转、设定权利负担或者其他有碍执行的行为，不得对抗申请执行人。

（4）冻结股权的期限不得超过二年。法律、司法解释另有规定的除外。申请执行人申请延长期限的，人民法院应当在冻结期限届满前办理续行冻结手续，续行期限不得超过一年。

（5）对股权冻结后，债务人在限期内提供了方便执行的其他财产，应当首先执行其他财产，其他财产不足以清偿的，方可执行该股权。

（6）对有限公司或其他企业的股权的执行中，应始终注意对其他股东优先购买权的保证。

（7）对股份有限公司中股权的执行另行介绍。

学习任务二　对上市公司股票的执行

股票是一种有价证券，是股份公司在筹集资本时向出资人公开或私下发行的、用以证明出资人的股东身份和权利，并根据持有人所持有的股份数享有权益和承担义务的凭证。它直接代表股东的权益，卷面文字表明的财产权益和股票不能分离。持有股票的出资人享有股东权益，如参加股东大会、投票表决、参与公司的重大决策，收取股息或分享红利等。股票一般可以通过买卖方式有偿转让，股东能通过股票转让收回其投资，或者从股息、红利获取投资收益。根据股票是否可以在公开市场进行交易，股票可分为上市公司股票和非上市公司股票。上市公司股票均为电子化的簿记券式股票，非上市公司有的采用簿记券式股票，有的采用实物券式股票。根据我国《证券法》规定，上市公司的所有股票都必须由国家指定的证券登记结算机构（在我国为中国证券登记结算有限责任公司上海分公司和深圳分公司）托管，以便于股票转让后和分红时及时结算资金和股票过户。

证券登记结算公司的基本职能有：证券账户、结算账户的设立和管理；证券的存管和过户；证券持有人名册登记及权益登记；证券和资金的清算交收及相关管理；受发行人的委托派发证券权益；依法提供与证券登记结算业务有关的查询、信息、咨询和培训服务；中国证监会批准的其他业务。因此，证券登记结算公司实际是中国所有上市公司股票的实际持有人及股票分红收益的实际结算人，股东持有的是股票托管凭证。

投资人要参与股票的交易，必须先通过所在地的证券营业部或证券登记机构办理证券账户卡，到证券公司凭身份证件开设资金账户，然后到银行办理银证通账户，以使资金账户和银行储蓄账户之间可以自由进行转账。买入股票时，先把银行账户上的存款转入资金账户，然后委托证券公司以指定价格买入指定数量的股票，证券登记结算公司对买卖双方的证券和资金进行结算、划账。股票交易的基本程序结束，股东如要将资金账户中的资金取现则需先转入银证通，再从银行的银证通账户取现。

按照有效控制原则，法院要冻结被执行人的股票，必须到证券登记结算公司办理冻结手续，禁止被执行人的股票过户，同时也冻结其分红收益；到开户的证券公司要求协助执行，禁止被执行人注销资金账户，防止股票变价后资金无法转入资金账户；到银证通开户的银行要求协助执行，禁止被执行人注销银行账户，防止变现后的价款无法提取。同时还应书面通知上市公司，告知其将冻结情况在股东名册中予以登记，并根据具体情况和有关规定将该信息向社会公众予以披露。

由于非上市公司股票的交易规则法律法规尚未明确，这里就只介绍上市公司股票的执行。

一、调查途径与方法

（1）可以根据申请人提供的线索到有关证券公司查询被执行人的证券账户及资金账户。申请人提供被执行人的股票线索，应尽可能具体到被执行人开户的证券公司名称，否则执行人员很难确定前往调查的地点。一经查询确认，执行人员应即刻办理冻结手续。

（2）根据被执行人的申报得知。被执行人向执行法院申报有股票后，执行人员应及时到相应证券公司查证核实并办理冻结手续。

（3）被执行人如为法人或其他组织，执行人员可以审查被执行人的财务资料，从长期投资、短期投资中查找被执行人的股票投资情况，并到开户的证券公司核实，经查询确认的，即刻办理冻结手续。

（4）执行人员依职权主动到被执行人住所地附近的证券公司查询。查询时，应向证券公司出示工作证和执行公务证，并送达协助查询通知书。

二、执行措施与执行程序

对公开发行股票的执行，必须符合公司法、证券法的相关规定，我国法律对于上市公司的社会法人股、国有股和其他社会流通股的执行措施和执行程序各有不同，在此分别介绍。

（一）对社会法人股的执行

社会法人股是指非国有法人资产投资于上市公司形成的股份。对上市公司社会法人股适用的执行措施有冻结、拍卖、以股抵债，不能通过在证券交易所自由转让变现。

1. 冻结

冻结社会法人股应当制作冻结裁定书，将冻结裁定书送达双方当事人，将冻结裁定书、协助执行通知书送达上市公司，要求上市公司不得对被执行人的股份变更股东，并协助法院其他指定事项；将冻结裁定书和协助执行通知书送达登记结算中心，冻结被执行人的股票过户以及股票收益；将冻结裁定书和协助执行通知书送达被执行人开户的证券公司，禁止被执行人注销资金账户；并将冻结裁定书和协助执行通知书送达被执行人的银证通账户的开户银行，协助禁止被执行人销户，以防股票处分后存款无法提取。

冻结社会法人股后，如果被执行人提供了方便执行的其他财产应先执行其他财产，或者股息、红利足以清偿债务人，应以股息、红利清偿，完毕后对社会法人股解冻，解冻程序同冻结程序。被执行人无其他财产可供执行的，执行法院对该社会法人股进行处分。

2. 拍卖

处分上市公司社会法人股，执行法院必须先拍卖，禁止未经拍卖将股权直接抵偿给债权人。拍卖程序如下：

（1）作出拍卖裁定。拍卖裁定书于委托拍卖前送达被执行人，并书面通知上市公司。

（2）委托具有证券从业资格的资产评估机构对股权价值评估。评估机构由债权人和债务人协商选定，不能达成一致意见的，由人民法院召集债权人和债务人提出候选机构，以抽签方式决定。选定后，由人民法院与其签订委托评估合同，人民法院有权要求上市公司向接受委托的资产评估机构如实提供有关情况和资料。

（3）执行法院收到评估报告后，将评估报告分别送达债权人、债务人和上市公司。有异议的，上述三者应当在收到报告后七日内提出。执行法院将异议书交资产评估机构，并要求十日内作出说明或补正。无异议的，委托依法成立的拍卖机构拍卖。

（4）委托拍卖机构进行拍卖。拍卖机构由当事人协商一致后经人民法院审查确定；协商不成的，从负责执行的人民法院确定的拍卖机构名册中，采取随机的方式确定；当事人双方申请通过公开招标方式确定拍卖机构的，人民法院应当准许。

选定拍卖机构后，人民法院与拍卖机构签订委托拍卖合同，向拍卖机构送达拍卖裁定书副本，并参考评估价确定拍卖的保留价。

（5）做好拍卖的准备工作。拍卖股票，人民法院应当委托拍卖机构于拍卖开拍日前十日，在《中国证券报》、《证券时报》或者《上海证券报》上进行公告。拍卖前五日，执行法院应通知被执行人并书面通知上市公司。

（6）拍卖。每次拍卖未成交后，在法院主持调解下，才可将拍卖股票参照该次拍卖保留价抵偿给债权人，经三次拍卖仍不能成交时，人民法院应当将所拍卖的股票按第三次拍卖保留价抵偿给债权人。

（7）支付佣金。拍卖成交的，拍卖机构向买受人收取佣金；拍卖未成交或者非因拍卖机构的原因撤回拍卖委托的，拍卖机构为本次拍卖已经支出的合理费用，应当由被执行人负担。

（8）拍卖后的处理。拍卖成交的，买受人应当在指定的期限内将价款交付到人民法院或者汇入人民法院指定的账户。执行法院办理解除冻结手续，买受人持财政主管部门对股权性质的界定、执行法院的协助执行通知书、拍卖成交裁定书到登记结算中心办理股权变更登记。

股票三次流拍且债权人又不接受抵债的，人民法院应当解除冻结。解冻手续同冻结程序。

3. 以股抵债

对于拍卖不成的，执行法院可以征询申请人或其他债权人意见，是否接受以股抵债，具体程序如下：

（1）抵债价款等具体问题用书面形式征得申请执行人或其他债权人同意，价格参照该次拍卖保留价。

（2）作出以股抵债裁定，并及时送达被执行人、接受股票的申请人或其他债权人。

（3）办理过户手续。申请人或其他债权人接受以股抵债后，执行法院办理解除冻结手续，买受人持财政主管部门对股权性质的界定、执行法院的协助执行通知书、拍卖成交裁定书到登记结算中心办理股权变更登记。

抵债股权价值不足清偿债务的，应当继续执行不足部分。申请执行人或者其他执行债权人拒绝接受抵债的，人民法院应当解除冻结。

（二）对国有股的执行

上市公司国有股包括国家股和国有法人股。国家股指有权代表国家投资的机构或部门向股份有限公司出资或依据法定程序取得的股份；国有法人股指国有法人单位，包括国有资产比例超过50%的国有控股企业，以其依法占有的法人资产向股份有限公司出资形成或者依据法定程序取得的股份。

对国有股的执行措施有冻结、拍卖和以股抵债。

（1）冻结上市公司国有股应当制作冻结裁定书，将冻结裁定书送达双方当事人和主管的财政部门；将冻结裁定书、协助执行通知书送达上市公司，要求上市公司不得对被执行人的股份变更股东，并协助法院其他指定事项；将冻结裁定书和协助执行通知书送达登记结算中心，冻结被执行人的股票过户以及股票收益；将冻结裁定书和协助执行通知书送达被执行人开户的证券公司，禁止被执行人注销资金账户；并将冻结裁定书和协助执行通知书送达被执行人的银证通账户的开户银行，协助禁止被执行人销户，以防股票处分后存款无法提取。

(2) 对国有股的变价程序，参照适用上市公司社会法人股的相关规定。

(三) 对社会流通股的执行

社会流通股指上市公司公开发行的被社会法人、国有法人单位、国家投资机构等以外的其他公民或组织持有的可流通的股票。

对社会流通股的执行措施有冻结、拍卖、变卖、以股抵债。

1. 冻结

冻结社会流通股，应当制作冻结裁定书，将冻结裁定书送达双方当事人，冻结裁定书和协助执行通知书送达上市公司、证券登记结算中心、开设资金账户的证券公司和被执行人的银证通账户的开户银行。

冻结社会流通股后，如果被执行人提供了方便执行的其他财产应先执行其他财产，或者股息、红利足以清偿债务的，应以股息、红利清偿，完毕后对社会流通股解冻，解冻程序同冻结程序。被执行人无其他财产可供执行的，执行法院对该股票变价。

2. 拍卖

对社会流通股的拍卖可以参照社会法人股的拍卖程序。但是由于股票有公开的市场价格，因此无须委托评估机构进行价格评估，拍卖保留价参照拍卖当日价格确定。

3. 变卖或以股抵债

为防止公开拍卖对股市造成不良影响，经双方当事人同意或法院依职权决定，法院可将流通股股票按照市场交易当日的价格，抵偿给债权人或变卖给第三人并控制购股款。程序可参照以上社会法人股的变卖或抵债程序。

【训练案例一】

申请执行人：江苏省无锡市新江×公司。住所地：无锡市清扬路

法定代表人：陆×，该公司经理

被执行人：广东恒×集团有限公司。住所地：广东省珠海市拱北××大厦

法定代表人：杨×，该公司董事长

江苏省无锡市南×区房地产经营公司（以下简称南×公司）、上海浦东国有资产投资管理有限公司（以下简称浦东公司）和被执行人广东恒×集团股份有限公司（以下简称恒×公司），都是申请执行人江苏省无锡新江×实业有限公司（以下简称新江×公司）的股东。在新江×公司 8000 万元的股本金中，恒×公司持有 4400 万元的股份，为新江×公司的控股股东，其余股份由各小

股东持有。

2006年8月20日，被执行人恒×公司和新江×公司签订了一份《债权债务处理协议书》，确认至2006年6月30日，恒×公司欠新江×公司3971万元。恒×公司以其在深圳上水径工业区的厂房等房产，作价给新江×公司冲抵债务。

协议签订后，因厂房被海南省高级人民法院查封，恒×公司未将其房产过户给新江×公司。后经诉讼，法院判决恒×公司应清偿新江×公司债务3600万元。恒×公司没有自觉履行判决所确定的给付义务。2006年11月10日，新江×公司向无锡市中级人民法院申请执行。

接到执行申请后，无锡市中级人民法院依法立案，并向被执行人恒×公司送达了执行通知书。执行中了解到，除持有的新江×公司股份以外，恒×公司尚有房产一处，价值约1500万元左右，但已被抵押给银行；2004年集团出资800万成立了全资子公司，并与其他公司一起设立了恒祥电子有限责任公司，但出资数额及比例不明，此外再无其他财产可供执行。

问题：

1. 对被抵押给银行的房产执行承办人该如何处理？

2. 执行承办人能否直接执行恒×公司全资子公司的财产？如果可以，如何处置其财产？如果不可以，该怎样处理？

3. 对恒×公司在恒祥电子公司的股权，承办人如何查明？经调查确认后，该怎样执行该股权？

4. 恒×公司能否以其对新江×公司的股份冲抵债务？

【训练案例二】

宁波甲公司因经营不善停产，负债累累，无法偿还欠乙的债务。乙起诉后法院判决甲公司向乙支付欠款200万元。甲公司未履行后，乙向宁波江东区法院申请执行。执行人员根据线索查明，甲公司持有宁波某上市公司的股票10万股。

问题：

1. 执行承办人对该股票应如何执行？

2. 假设在冻结该股票后，丙企业以公司自有的一处房产为甲公司提供连带担保，担保期限为一年，担保数额200万元，一年后甲只偿还了80万元的债务，执行法院该如何处理本案？

【训练案例三】

深圳华佳房地产实业有限公司（以下简称为华佳公司）因未履行法院判决

的向北京市华电商贸公司（以下简称为华电公司）支付货款100万元及利息的义务，被华电公司于2002年1月向北京市西城区法院申请执行。西城区法院在执行中查明，华佳公司已不再经营，账户上没有存款，但其在深圳世界花园房地产发展有限公司（简称世界花园公司）拥有70%的股份。现世界花园公司经营效益较好，每年均有700万元的利润。西城区法院遂冻结了世界花园公司的银行存款100万元，并通知其禁止向华佳公司支付。后经过协商，世界花园公司同意就被冻结的款项支付给华电公司，并支付利息。法院遂裁定扣划世界花园公司100万元给华电公司，至此本案执结。

问题：

请你对西城区法院对本案的执行予以评析。

学习情境三　对其他动产的执行

【学习目的与要求】

知晓对被执行人其他动产的调查途径与方法；掌握对机动车、存货的执行措施与执行程序；能够根据被执行人的具体情况灵活运用调查手段与执行措施。

【学习重点】

对被执行人机动车和存货的调查途径与方法以及适用的执行措施与执行程序。

学习任务一　对机动车的执行

机动车是指以动力装置驱动或者牵引，上道路行驶的供人员乘用或者用于运送物品以及进行工程专项作业的轮式车辆，主要包括大型汽车、小型汽车、专用汽车、特种汽车、有轨电车、无轨电车、摩托车、拖拉机等，但虽有动力装置驱动但设计时速、空车质量、外形尺寸符合有关国家标准的残疾人机动轮椅车、电动自行车不属于机动车。机动车属于动产，但价值较大。国家对机动车实行登记制度。机动车经公安机关交通管理部门登记后，方可上道路行驶。尚未登记的机动车，需要临时上道路行驶的，应当取得临时通行牌证。机动车的登记，分为注册登记、变更登记、转移登记、抵押登记和注销登记。初次申领机动车号牌、行驶证的，应当向机动车所有人住所地的公安机关交通管理部门申请注册登记。申请机动车注册登记，应当交验机动车，并提交以下证明、凭证：

（1）机动车所有人的身份证明；

（2）购车发票等机动车来历证明；

（3）机动车整车出厂合格证明或者进口机动车进口凭证；

（4）车辆购置税完税证明或者免税凭证；

（5）机动车强制保险凭证；

（6）法律、行政法规规定应当在机动车注册登记时提交的其他证明、凭证。

申请机动车转移登记，当事人应当向登记该机动车的公安机关交通管理部门交验机动车，并提交以下证明、凭证：

（1）当事人的身份证明；

（2）机动车所有权转移的证明、凭证；

（3）机动车登记证书；

（4）机动车行驶证。

被司法机关和行政执法部门依法没收并拍卖，或者被仲裁机构依法仲裁裁决，或者被人民法院调解、裁定、判决机动车转移的，且原机动车所有人未向现机动车所有人提供机动车登记证书和行驶证的，现机动车所有人在办理转移登记时，应当提交人民法院出具的协助执行通知书，或者行政执法部门出具的未得到机动车登记证书和行驶证的证明。车辆管理所应当公告原机动车登记证书和行驶证作废，并在办理转移登记同时，发放机动车登记证书和行驶证。

一、调查途径与方法

对机动车的调查包括对机动车产权情况的调查和对机动车实物去向的调查两个方面。

（一）对被执行人的机动车产权调查途径与方法

（1）到车辆管理所查询。由于机动车登记地实行机动车所有人住所地原则，因此，执行人员可以在掌握被执行人身份信息的情况下到被执行人住所地的车辆管理所进行查询。被执行人的身份信息主要是姓名和身份证号码，执行人员可以从生效法律文书上得知，也可以到被执行人住所地或经常居住地的公安机关查询，必要的时候连同家庭成员的身份信息一起查询，以便在被执行人个人名下财产不足以清偿时对共有财产执行。去车管所查询时，应出示工作证、执行公务证，送达协助查询通知书，被执行人或其家庭成员名下有机动车登记的，应立即办理查封登记，并可以复印相关登记资料。

（2）申请人向人民法院提供。申请人可能向人民法院提供被执行人的车辆线索，执行人员可以根据其提供的情况迅速到车辆所在地实地查证，可以通过车辆的行驶证、登记证核实是否为被执行人或其家庭成员所有，如登记为被执行人或其家庭成员所有，则可以采取查封措施。

（3）对城镇居民为被执行人时，可以到被执行人住所地或经常居住地的物业管理公司进行调查。大多数物业管理公司会对本小区内的进出、常驻车辆进行登记，实行通行证管理制度，因此，物业公司可能向执行人员提供车辆的有关情况。

（4）被执行人申报。执行人员向被执行人发出申报财产令，要求其如实申报财产情况。

(5) 对于被执行人是有会计制度的法人或其他组织，可以从会计资料的资产栏目中查找。

(二) 对机动车实物去向的调查途径与方法

很多时候，执行人员掌握了被执行人的机动车所有权情况，却由于找不到机动车而不得不中止执行，因此对机动车实物去向的调查也是执行工作的一个重要部分。

(1) 讯问被执行人。执行人员对于登记在被执行人名下的机动车，可以讯问被执人机动车的去处或者责令被执行人交出，拒不交待或交出的，可以对被执行人采取相应强制措施。

(2) 搜查。对于怀疑隐匿被执行人机动车的场所进行搜查。搜查时，必须持有本院院长签发的搜查令，向被执行人或其他有关人员宣读搜查令内容，并出示工作证和执行公务证，搜查必须根据周围情况拉好警戒带，责令无关人员不得进入。发现机动车后，必须与车辆登记资料上的记载情况进行核对，包括：车牌号码、发动机编号、车辆行驶证以及车辆的外观情况。如为被执行人所有或共有的，可以查封。

(3) 由申请人提供或其他人举报。申请人向人民法院提供被执行人机动车处所或其他人举报的，执行人员应及时赶赴现场进行查证，并采取相应措施。

(4) 请公安交通部门协助调查。执行法院可向公安机关交通管理部门发出协助执行通知，对已查封的车辆进行监控，在办理年检、查办交通违章过程中予以协助查扣，查扣后通知法院实施查封。

二、执行措施与执行程序

对机动车可以适用的执行措施包括查封、拍卖、变卖、以物抵债。

(一) 查封

发现被执行人名下登记有机动车情况的，执行人员应立即到机动车登记处的车辆管理所办理查封登记手续，防止被执行人转移机动车所有权或者设定担保物权。

1. 进行查封登记

查封机动车，必须作出查封裁定，送达申请人和被执行人。办理查封登记，执行人员应出示工作证和执行公务证，向车辆管理所送达协助执行通知书和查封裁定书，在登记资料上填写好相关内容，并复印机动车的相关资料。

2. 实物查封

对机动车实物进行查封时，执行人员应出示工作证和执行公务证，通知被执行人或者他的成年家属到场，并邀请其工作单位或者机动车所在地的基层组织派人参加；被执行人是法人或者其他组织的，应当通知其法定代表人或者主要负责人到场。以上人员拒不到场的，不影响执行。

对于查封的车辆，应做必要的检查，主要包括：

（1）查验车辆行驶证，以确认该车系被执行人所有的车辆；

（2）查验发动机号、车架号与行驶证是否一致，以防止该车系改装、套牌车辆；

（3）查验车况，记录车辆有无大的损伤和已行驶的公里数，以固定车辆被查封时的状况，避免以后发生争执。

上述查验过程应记明笔录，要求被执行人签名确认。然后对车辆张贴封条、收缴机动车登记证、行驶证和车钥匙，制作查封财产清单（两份，一份送达被执行人，一份留存法院），并由执行人员和在场人员签字后，向被执行人送达查封裁定书和查封财产清单。查封的车辆可以存放在法院指定的地点，或者拖回法院保管。

（二）拍卖

机动车查封后，被执行人拒不履行义务或其他财产不足以清偿债务的，人民法院可以对该机动车予以拍卖。具体程序如下：

（1）执行法院决定拍卖财产的，应当先作出拍卖裁定书，送达给被执行人。

（2）委托具有相应资质的评估公司对拟拍卖的财产进行评估。当事人双方及其他债权人申请不进行评估的，人民法院应当准许。评估时人民法院应当向评估公司提供必要的材料。评估机构由当事人协商一致后经人民法院审查确定；协商不成的，从负责执行的人民法院确定的评估机构名册中，采取随机的方式确定；当事人双方申请通过公开招标方式确定评估机构的，人民法院应当准许。

人民法院收到评估机构作出的评估报告后，应当在五日内将评估报告发送当事人及其他利害关系人，如对评估报告有异议的，可以在收到评估报告后十日内以书面形式向人民法院提出。当事人或者其他利害关系人有证据证明评估机构、评估人员不具备相应的评估资质或者评估程序严重违法而申请重新评估的，人民法院应当准许。如没有异议的，则由人民法院委托拍卖。

（3）委托具有相应资质的拍卖机构进行拍卖。拍卖机构由当事人协商一致后经人民法院审查确定；协商不成的，从负责执行的人民法院确定的拍卖机构名册中，采取随机的方式确定；当事人双方申请通过公开招标方式确定拍卖机构的，人民法院应当准许。

选定拍卖机构后，人民法院与拍卖机构签订委托拍卖合同，向拍卖机构送达拍卖裁定书副本，并参考评估价或市价确定拍卖的保留价。

（4）做好拍卖的准备工作。人民法院在拍卖五日前应以书面或者其他能够确认收悉的适当方式，通知当事人和已知的担保物权人、优先购买权人或者其他优先权人于拍卖日到场。

（5）进行拍卖。

（6）支付佣金。拍卖成交的，拍卖机构向买受人收取佣金；拍卖未成交或者非因拍卖机构的原因撤回拍卖委托的，拍卖机构为本次拍卖已经支出的合理费用，应当由被执行人负担。

（7）拍卖后的处理。拍卖成交的，买受人应当在指定的期限内将价款交付到人民法院或者汇入人民法院指定的账户。执行法院向买受人送达拍卖成交裁定书，对机动车解除查封，向买受人交付机动车和购车发票、保险凭证、出场合格证明或进口凭证等，到车管所办理解除查封手续。买受人持执行法院出具的协助执行通知书、拍卖成交裁定书和身份证明到车管所办理转移登记手续。如执行法院未向买受人提供机动车登记证书和行驶证的，车辆管理所公告原机动车登记证书和行驶证作废，并在办理转移登记同时，发放机动车登记证书和行驶证。

拍卖不成的，执行法院应先征询债权人是否愿意以该机动车抵债，债权人接受抵债的，人民法院作出以物抵债裁定；债权人拒绝以物抵债或者抵债价格低于本次流拍保留价，债务人不同意的，执行法院应当在六十日内再行拍卖。对于第二次拍卖仍流拍的动产，人民法院可以将其作价交申请执行人或者其他执行债权人抵债。申请执行人或者其他执行债权人拒绝接受或者依法不能交付其抵债的，人民法院应当解除查封，并将该动产退还被执行人。

（三）变卖

对于被查封的机动车申请人与被执行人双方及有关权利人同意不进行拍卖的，可以变卖。执行法院可以自行组织变卖或者交付有关单位变卖，其程序如下：

（1）制作变卖裁定书并送达被执行人。

（2）确定变卖价。可以由当事人双方及有关权利人约定的价格变卖；或者委托评估机构进行评估。按照评估价格变卖不成的，可以降低价格变卖，但最低的变卖价不得低于评估价的二分之一。

（3）变卖。交付变卖的，执行法院应与有关单位签订委托变卖合同，启封机动车，对照查封清单和执行笔录，交付给有关单位。自行变卖的，要公开进行，但执行法院和执行人员不得自行买受。

（4）变卖结果处理。变卖成交后，应收取价款，扣除执行费用和有关费用后清偿债权人，制作变卖成交裁定送达买受人，对机动车解除查封，向买受人交付机动车和购车发票、保险凭证、出场合格证明或进口凭证等，到车管所办理解除查封手续。买受人持执行法院出具的协助执行通知书、变卖成交裁定书和身份证明到车管所办理转移登记手续。如被执行人未向买受人提供机动车登记证书和行驶证的，车辆管理所公告原机动车登记证书和行驶证作废，并在办理转移登记同时，发放机动车登记证书和行驶证。

该机动车无人应买的，执行法院将其交申请执行人或者其他执行债权人抵债；申请执行人或者其他执行债权人拒绝接受或者依法不能交付其抵债的，人民法院应当解除查封，并将机动车退还被执行人。

(四) 以物抵债

对于拍卖、变卖不成的，执行法院可以征询申请人或其他债权人意见，是否接受以物抵债，具体程序如下：

(1) 抵债价款等具体问题用书面形式征得申请执行人或其他债权人同意。

(2) 作出以物抵债裁定，并及时送达被执行人、接受机动车的申请人或其他债权人。

(3) 交付抵债物。执行法院应及时将抵债的机动车和掌握的机动车购车发票、保险凭证、出场合格证明或进口凭证等交付给申请人或其他债权人，对机动车解除查封，到车管所办理解除查封手续。申请人或其他债权人持执行法院出具的协助执行通知书、以物抵债裁定书和身份证明到车管所办理转移登记手续。如执行法院未向买受人提供机动车登记证书和行驶证的，车辆管理所公告原机动车登记证书和行驶证作废，并在办理转移登记同时，发放机动车登记证书和行驶证。

抵债物价值超出被执行人的债务的，对超出部分，接受抵债物的当事人应当支付现金补偿，由执行法院退回被执行人或清偿给其他债权人；抵债物价值不足清偿债务的，应当继续执行不足部分。

三、注意事项

(1) 车辆扣押涉及一定的安全性，必须确保安全时才可实施；

(2) 对车辆实施实物查扣时，执行人员应分散保卫车辆，位于车辆的左右侧；对于驾驶员在车上的，一方上前吸引他的注意力，另一方迅速将车钥匙拔下，控制车辆；

(3) 遇到被执行人抵触情绪激烈，人多势众，不利于控制局面的，可先做耐心的说服教育工作，确实无法控制的，可以先撤回或请求公安支援；

(4) 对登记在配偶或同住的其他家庭成员名下的机动车，执行人员可以先查封，如债务为共同债务的，可追加配偶或其他家庭成员为被执行人，然后处分该机动车；如果债务为被执行人个人债务的，须由被执行人与其家庭成员协商分割该机动车，债权人同意分割方案的，按协商结果执行该机动车或所得价款，如协商不成或不愿协商的，由债权人代位提起析产诉讼，根据法院的裁判结果执行，在此期间中止对该机动车的执行。

（5）对于船舶、航空器等需要登记的大型动产的执行可以参照对机动车的执行。

学习任务二　对存货的执行

存货是法人或其他组织的存放于仓库或指定场所的原材料、产成品、自制半成品、库存商品、在途物资、包装物、低值易耗品等流动资产。对法人或其他组织强制执行时，存货是较为常见的执行标的物。

一、调查途径与方法

建立健全会计制度的企业法人或其他组织的存货，执行人员可以通过会计资料的原材料、半成品、库存商品、包装物等会计科目调查企业或组织的存货类别、数量和大概价值；也可以通过仓库或特定场所的查封、搜查而获取存货。由于存货往往容易转移或隐匿，因此对于存货的调查要迅速、及时。

二、执行措施与执行程序

对存货可以适用的执行措施有查封、扣押、拍卖、变卖、以物抵债。查封存货主要适用于大型机械设备比如尚未出售的车辆、机床、船舶、航空器，执行程序可参照对机动车的查封。

对存货的扣押有两种方式：一是就地扣押，另一种是转移扣押。但不论采取何种方式都要落实好保管人。扣押存货，应当制作扣押裁定书并送达双方当事人，通知法人企业的法定代表人或者其他组织的主要负责人到场，拒不到场不影响执行。然后清点财产，造具清单，就地扣押的要落实保管人，转移扣押的由人民法院保管或指定保管人保管，对扣押过程和结果要制作执行笔录，并由执行人员、保管人和在场人员在执行笔录和扣押清单上签字。清单一式两份，一份送达给被执行人，另一份留存法院。

查封、扣押的存货需要处分的，可以适用拍卖、变卖或以物抵债。能够拍卖的首选拍卖；双方同意不拍卖的或者无法委托拍卖、不适合于拍卖以及金银及其制品、当地市场有公开交易价格的存货、易腐烂变质的存货、季节性存货、保管困难或者保管费用过高的存货可以直接变卖；被执行人的财产无法拍卖或变卖的，经申请执行人或其他债权人同意，可将存货以物抵债。拍卖、变卖或以物抵债的程序参照以上对机动车的拍卖、变卖或以物抵债的内容，不需要办理登记手续的存货，人民法院拍卖、变卖或以物抵债后无需出具协助执行通知书给其他机关，所有权自交付时转移。

三、注意事项

（1）对于具有特殊专业价值，搬动后可能会造成价值大幅贬损的动产，如机器设备等，应就地查封，并责令被执行人或指定专人保管。

（2）对于农副产品及其他鲜活产品不便保存的，扣押前须先咨询有关行业主管部门，根据行业规定和习惯采取相应的措施，如不宜保存的，可以与当事人商量变卖或者抵债价格，然后变卖或抵债；或者由当事人联系买受人，价格须人民法院审查同意。

【训练案例一】

申请执行人：陈某

被执行人：杭州江干奇×汽车运输有限公司

杭州江干奇×汽车运输有限公司因与陈某发生合同纠纷，被法院于2006年9月19日判决该公司赔偿陈某经济损失124983.52元，但该公司一直未履行义务。2009年5月16日，杭州市某法院执行局突然接到申请人陈某的电话，称在杭州市江干区某停车场发现了被执行单位杭州江干奇×汽车运输有限公司的车辆，请求法院立即派人过去。

问题：

1. 对于执行申请人提供的信息，执行人员应如何处理？

2. 执行人员到达停车场后，在停车场发现了两辆车门侧面上印有杭州江干奇×汽运公司字样的车辆，一辆蓝色货车、一辆红色货车，车号分别为浙A××511、浙A××994。车门锁着，驾驶员不知去处。此时，执行人员应如何处理？

3. 当执行人员正准备将车辆查封时，不知从何处来了一名身穿白色上衣的男子。该男子自称姓连，是停车场的工作人员，并扬言这车谁也不能开走，还将停车场的大门锁上。还安排其他人员将其中一辆车用大货车堵住，煽动一些不明真相的群众强迫执行人员将所扣押的行车证及钥匙交出来，否则连警车也不能开走。此时，干警应如何应对？

4. 对车辆等交通工具执行时，主要遵循哪些程序？

【训练案例二】

2007年，甲、乙公司在经营过程中，乙公司因拖欠甲公司货款35万元，甲公司经多次向乙公司追讨未果后，向法院提起诉讼，并同时向法院提出诉讼保全申请，请求法院依法保护债权人的利益，查封乙公司所有的位于某开发区的仓库。法院受理此案件后，对被告方乙公司的仓库进行了保全查封。法院在审理案件过程中，原告甲公司与被告乙公司在法官主持的调解下达成了民事调解协议，调解协议中规定：被告乙公司于2007年12月31日前支付原告甲公司20万元；2008年6月30日前被告乙方支付原告甲方剩余的15万元。

民事调解书生效后，被告乙公司未按约定按期履行还款义务，原告甲公司依法向法院申请执行。法院受理该执行案件后，被执行人乙公司仍未按执行法院向其发出执行通知要求的期限履行还款义务，执行法官在执行过程中对被执行人乙公司的财产状况进行了调查，发现被执行人乙公司被法院查封的仓库为租赁使用，仓库内有一批空调、洗衣机等电器，另办公室有电脑5台、办公桌5张及其他办公用品若干，办公场所也为租赁使用。

问题：

1. 执行人员如何处理被查封的仓库及其电器、电脑等办公用品？

2. 在执行中，乙公司分立为A公司和B公司，并将原公司予以注销，执行法院应如何处理此案？

【训练案例三】

原告林某与被告上海某酒店有限责任公司因买卖合同纠纷一案，于2007年12月由上海市松江区人民法院调解结案。双方达成调解协议，松江区法院向双方当事人送达调解书。但被告未履行调解协议中的义务，原告林某于2008年7月7日向松江法院申请执行，要求被告上海某酒店有限责任公司偿付货款2400元，并承担诉讼费25元。

松江法院受理后，依法向该酒店有限责任公司送达执行通知，责令其于同年7月14日之前履行偿付义务。届期，被执行人未履行。经执行查明，被执行人因经营不善，已停止经营，其在松江法院已涉案40件，总执行标的1882594.30元。其中涉及劳务工资案件5件，标的额为216267.30元。松江法院已在本院［2007］松民三（民）初字第2693号案件的审理中，依法查封了被执行人酒店内的空调设备、厨房设备、各类电脑等所有财产。因被执行人未履行义务，松江法院遂委托中介机构对上述查封财产进行评估拍卖，评估价为970908元。嗣后，依法委托上海中富拍卖有限公司对上述财产公开拍卖，第一次拍卖以776762元的保留价流拍。因案外人对评估财产中的消防设施提出权属异议，故在第二次拍卖中，松江法院将消防设施排除在拍卖财产范围之外，并扣除该部分评估价值187500元。第二次拍卖由于无人应价，以501380元的保留价流拍。

【思考题】

1. 松江法院对酒店内的空调设备、厨房设备、各类电脑进行查封时具体程序应怎样进行?

2. 第一次流拍后，松江法院应如何处理此案?

3. 松江法院应如何处理案外人对消防设施提出的权属异议?

4. 2008 年 9 月 3 日，松江法院将被流拍的财产进行变卖，应卖人黄某应买成交，变价款项 370000 元，扣除诉讼费 14718.5 元，执行费 5960 元，评估费 4000 元，剩余款项 345321.5 元。松江法院应如何分配该款项?

5. 林某受偿 186 元欠款和 25 元诉讼费后，对林某申请执行该酒店的民事案件松江法院应如何处理?

学习情境四　对不动产的执行

【学习目的与要求】

掌握对被执行人不动产信息的查询途径及方法；不动产执行的基本程序；涉及不动产执行的主要措施；掌握城镇房地产、农村住房、商业用房的执行方法。

【学习重点】

掌握对被执行人不动产信息的查询途径及方法；不动产执行的基本程序；常见不动产的主要执行措施。

一、不动产基本概念

不动产是指依自然性质或法律规定不可移动的土地、土地定着物、与土地尚未脱离的土地生成物、因自然或者人力添附于土地并且不能分离的其他物。

根据我国《物权法》、《土地管理法》的规定，城市的土地以及法律规定属于国家所有的农村和城市郊区的土地，属于国家所有。对属于国家所有的土地，个人或单位只能根据划拨或出让取得土地使用权。根据《物权法》、《土地管理法》、《房地产管理法》等法律的规定，我国目前的国有土地使用权依据用途分类，包括国有建设用地使用权、国有耕地承包经营权、国有林地承包经营权、国有水域滩涂的养殖使用权等。

农村和城市郊区的土地，除由法律规定属于国家所有的以外，属于农民集体所有；宅基地和自留地、自留山，属于农民集体所有。对于属于农民集体所有的宅基地，农民可依无偿划拨取得使用权；耕地和自留地、自留山，则依承包合同取得承包经营权。

房屋所有权是指房屋的所有人依法对自己的房产所享有的占有、使用、收益和处分，并可以排除他人对于其财产违背其意志的非法干涉的权利。

二、不动产转让制度

1. 国有建设用地使用权的转让

国有建设用地使用权的取得主要有无偿划拨和出让取得两种方式，此外个别地方还有租赁的取得方式。对于依出让取得的国有建设用地使用权，使用权人可以在不改变土地用途的前提下依法转让。对于依无偿划拨方式取得的国有建设用地使用权，转让时应经人民政府土地管理部门批准并补办土地使用权出让手续并缴纳出让金后，方可转让。

2. 国有耕地承包经营权、国有林地承包经营权、国有水域滩涂的养殖使用权的转让

根据《物权法》第一百三十四条的规定，对依法取得国有耕地承包经营权、国有林地承包经营权、国有水域滩涂的养殖使用权，在承包的剩余年限内，可以依法转让。

3. 房屋所有权的转让

根据《物权法》、《房地产管理法》的规定，权利人依法取得的房屋所有权(包括建筑物区分所有权)，可以依法转让、出租或抵押。值得注意的是，《物权法》、《房地产管理法》还规定，依法转让房屋所有权的，应将房屋占用范围内的土地使用权一并转让；依法转让土地使用权的，也应将土地上的建筑物一并转让。

转让农村房屋的，该房屋占用范围内的宅基地也应一并转让。由于农村的宅基地属于村集体所有，且宅基地属于无偿取得，因此，农村的房屋及其宅基地不应向村集体以外的人转让。

4. 农村土地承包经营权

根据《物权法》第一百二十八条的规定，土地承包经营权人依照农村土地承包法的规定，有权将土地承包经营权采取转包、互换、转让等方式流转。流转的期限不得超过承包期的剩余期限。未经依法批准，不得将承包地用于非农建设。

上述不动产权属的转让，应依法进行权属变更登记。其中，国有土地使用权的权属变更，应到土地管理部门办理变更登记；房屋所有权的权属变更，应到房屋管理部门办理变更登记。农村宅基地使用权及其房屋所有权，当前尚未建立完善的权属登记制度，在没有建立登记制度的地区，其权属变更很难进行登记。

学习任务一　对城镇房地产的执行

一、对城镇房地产的调查

对不动产的调查，首先可由被执行人申报或申请人提供。对由被执行人申报或申请人提供的信息，应及时到土管局或房管局核实并办理查封登记手续，

以限制被执行人处分。

在被执行人没有申报、申请人也没有提供的情况下，执行员可以到被执行人住所地或居所地的房管登记部门及土管登记部门查询，一旦查获即应办理查封登记手续。需要注意的是，甄别一项不动产是否属于被执行人所有，应根据《物权法》第十六条“不动产登记簿是物权归属和内容的根据”的规定，以不动产登记簿记载的内容为准。根据《物权法》第二十八条的规定，如果人民法院、仲裁委员会的生效法律文书确定某项不动产归属被执行人的，虽然权属尚未登记但发生直接的物权效果，因此，对该项不动产应纳入被执行人可供执行的财产范围。根据《物权法》第二十九条、三十条的规定，因继承、受遗赠所得的不动产，自继承、受遗赠开始时取得物权，合法建造的房屋，自建造完成时取得物权。对上述不动产，虽然权属登记尚未完成，仍可纳入可供执行的被执行人的财产范围。

二、对城镇房地产的查封

执行人员一旦查实被执行人的城镇房地产信息，应在最短的时间内办理查封手续，以避免被执行人转移财产。查封时应注意以下事项：

(1) 查封家庭住房时，应办理房地产查封登记。执行人员首先向房管局发出协助执行通知书，要求房管局工作人员查阅所涉房产权属登记档案，核实被查封房屋是否进行过权属登记，如已进行登记的，其所有权人姓名、房屋坐落等是否相符，是否有其他法院查封在先。人民法院查封时，土地、房屋权属的确认以国土资源、房地产管理部门的登记或者出具的权属证明为准。权属证明与权属登记不一致的，以权属登记为准。如果协助执行通知书记载的房产状况与权属登记不一致无法查封时，应重新补发协助执行通知书进行查封。

(2) 目前我国房地产大多数地方实施由房管部门、土管部门分开管理登记的模式，只有上海、重庆等少数地方合并管理登记。土地使用权和房屋所有权归属同一权利人的，人民法院应当同时查封；土地使用权和房屋所有权归属不一致的，查封被执行人名下的土地使用权或者房屋。执行人员办理房屋所有权与土地使用权同时查封时，对实施分离登记制度地区的房地产，应分别到房管部门和土管部门办理查封登记。

(3) 对登记在案外人名下的土地使用权、房屋，登记名义人（案外人）书面认可该土地、房屋实际属于被执行人时，执行法院可以采取查封措施。如果登记名义人否认该土地、房屋属于被执行人，而执行法院、申请执行人认为登记为虚假时，须经当事人另行提起诉讼或者通过其他程序，撤销该登记并登记在被执行人名下之后，才可以采取查封措施。对被执行人因继承、判决或者强制执行取得，但尚未办理过户登记的土地使用权、房屋的查封，执行法院应当向国土资源、房地产管理部门提交被执行人取得财产所依据的继承证明、生效判决书或者执行裁定书及协助执行通知书，由国土资源、房地产管理部门办理过户登记手续后，办理查封登记。对国土资源、房地产管理部门已经受理被执行人转让土地使用权、房屋的过户登记申请，尚未核准登记的，人民法院可以进行查封，已核准登记的，不得进行查封。人民法院对可以分割处分的房屋应当在执行标的额的范围内分割查封，不可分割的房屋可以整体查封。分割查封的，应当在协助执行通知书中明确查封房屋的具体部位。人民法院对土地使用权、房屋的查封期限不得超过二年。期限届满可以续查封一次，续查封时应当重新制作查封裁定书和协助执行通知书，续查封的期限不得超过一年。确有特殊情况需要再续查封的，应当经过所属高级人民法院批准，且每次再续查封的期限不得超过一年。查封期限届满，人民法院未办理继续查封手续的，查封的效力消灭。[①] 因此，执行人员办理查封时，应同时注明查封时限。到期案件仍未执结的，及时办理续查封手续。

（4）被执行人有几套住房而只查封一套即可清偿债务时，应首先查封比较容易变现的住房。但宜防止被执行人变卖未查封的房屋后迁入查封的房屋，致使无法变现；查封时应注意到公安户籍部门冻结登记在该房屋的户口。

（5）办理家庭住房实物查封时，应对房屋所属的电梯、中央空调、自配房等附属设施在协助执行通知书中列明，或附查封清单，一并查封。在查封清单和笔录中应逐一列明与该房屋有关的争议部位。无人居住的房屋，应制作查封裁定书和协助执行通知书，到当地房地产交易中心办理登记手续；同时通知该房屋所在地的居委会、村委会等基层组织或小区物业公司在场见证，必要时还可以请当地派出所的社区民警到场。执行人员应在该房屋上张贴封条，并以公告形式告知被执行人被限制的权利和应承担的义务。同时请基层组织或小区物业协助监管，发现异常情况及时与法院联系。对于需要限制使用的，还应与水电煤气等公用事业单位取得联系，采取相应措施确保安全；需要查控屋内财产的，应开具搜查令，进屋清查，查封扣押相关物品，必要时请当地公安户籍管理部门协助冻结户口。查封的过程应记明笔录并经在场见证人签名确认，有条件的，可将全过程录像后作为证据保存。

（6）对于参建、联建房屋的查封，应先到开发商处了解被执行人所有的房屋部位或份额，再向其发出协助执行通知书；对部位明确的，可直接查封被执行人名下的部位；部位不明确的，应查封被执行人应得的份额；无论上述房屋是否已办产权证，均应到房地产管理部门办理查封登记或预查登记备案手续。

---

① 《最高人民法院、国土资源部、建设部关于依法规范人民法院执行和国土资源房地产管理部门协助执行若干问题的通知》（法发［2004］5号）

(7) 对于共有产权的房地产（如夫妻共有、继承人共有等），法院查封后应通知其他共有人，共有人提出异议的，法院应及时受理、审查，审查期间不予解除查封，待审查后再作处理。

(8) 人民法院也可以对下列未进行房屋所有权登记的房屋进行预查封：①作为被执行人的房地产开发企业，已办理了商品房预售许可证且尚未出售的房屋；②被执行人购买的已由房地产开发企业办理了房屋权属初始登记的房屋；③被执行人购买的办理了商品房预售合同登记备案手续或者商品房预告登记的房屋。

国土资源、房地产管理部门应当依据人民法院的协助执行通知书和所附的裁定书办理预查封登记。土地、房屋权属在预查封期间登记在被执行人名下的，预查封登记自动转为查封登记，预查封转为正式查封后，查封期限从预查封之日起开始计算。预查封的期限也为二年。期限届满可以续封一次，续封时应当重新制作预查封裁定书和协助执行通知书，预查封的续封期限为一年。确有特殊情况需要再续封的，应当经过所属高级人民法院批准，且每次再续封的期限不得超过一年。预查封的效力等同于正式查封。预查封期限届满之日，人民法院未办理预查封续封手续的，预查封的效力消灭。[①]

(9) 对于已经缴纳全部土地出让金的但尚未办理登记的土地使用权，可以到国土资源、房地产管理部门对该土地使用权进行预查封。查封时应在协助执行通知书中注明该土地的坐落及地号，对已知的相关土地批文或合同编号也应一并注明。对于只缴纳部分土地出让金且未办理登记的土地使用权，如果该地块可分割，则可按已缴纳的出让金比例确认土地使用权并办理查封登记，查封时应在协助执行通知书中注明该土地的坐落及地号、已知的相关土地批文或合同编号。对于未缴足出让金而被政府收回土地使用权的，收回后退回的土地出让金应交法院处理。

三、对查封的城镇房地产的处分

1. 对于查封的城镇房地产，可于查封后敦促被执行人于限期内履行，到期仍未履行的，可将查封的房地产拍卖、变卖，直接执行所得款项。具体实施流程参见如下：

(1) 变现原则
- 拍卖措施优先：能拍卖的尽可能拍卖，不能拍卖或流拍的，通过变卖等方式处理
- 直接变卖：被执行人及有关权利人同意变卖

① 《最高人民法院、国土资源部、建设部关于依法规范人民法院执行和国土资源房地产管理部门协助执行若干问题的通知》（法发［2004］5号）

（2）房地产的价格评估
- 原则上都应进行评估
- 当事人双方及其他债权人申请不评估的，不评估

（3）确定评估、拍卖机构
- 当事人协商一致，经法院审查确定
- 协商不成的，在确定的评估机构、拍卖机构中选定
- 当事人申请公开招标确定的，应允许

（4）法院收到评估报告后，发送当事人及其他利害关系人；

（5）公告拍卖。

2. 拍卖、变卖查封的城镇房地产时应注意以下事项：

（1）拍卖、变卖查封的房地产时，必须保留被执行人生活必需的住房。具体确定被执行人生活必需的住房时，应参考的因素包括：①住房面积：被执行人及其扶养的家属人数，当地政府当年公布的人均最低住房标准，当地政府对离退休、独生子女、伤残军人等特殊人群最低住房标准所作的特殊规定；被执行人所扶养的家属自身有无生活必需的住房等。②住房的价值：住房的地段、价位等。

（2）被执行人已全额支付价款但尚未过户的二手房，如被执行人未实际占有的，法院可要求售房人将房屋交法院处理。

（3）被执行人将可供执行的房屋出租的，如出租行为发生在房屋设定抵押或查封之前，则保护承租人的利益，处分房屋时尊重承租人的优先购买权和继续承租权；如出租行为发生于查封之后，则租赁行为不影响法院的执行。

（4）对划拨的国有土地使用权，也应征得国土资源部门的同意，获取同意拍卖的书面函件，并要求国土资源部门测算好土地出让金数额，再依拍卖国有土地使用权方式进行公告拍卖。

（5）对商品房项目附属车库，根据《物权法》等相关法律规定，拍卖时仅供商品房小区购房户竞买。

（6）对当地政府限制转让的商品房，如经济适用房等住房，拍卖时应征得当地房管部门同意后实施，不同意的，可强制出租。

（7）对房地产查封，如该房地产上已经存在抵押权负担或已被查封的，可以核实抵押的或查封数额，如房地产价格明显高于抵押或查封的数额，则可以重复查封，拍卖时以抵押或查封的先后顺序清偿债务。抵押权先于查封存在，拍卖时即使抵押权人不撤销抵押，不影响拍卖的实施。

（8）根据《物权法》的规定，法院有关房屋产权的判决或裁定一经送达当事人即生效，房地产管理部门应据此文书办理过户手续。房地产管理部门拒不办理时，可向其发出协助执行通知书。

（9）人民法院执行土地使用权时，不得改变原土地用途和出让年限。经申请执行人和被执行人协商同意，可以不经拍卖、变卖，直接裁定将被执行人以出让方式取得的国有土地使用权及其地上房屋经评估作价后交由申请执行人抵

偿债务，但应当依法向国土资源和房地产管理部门办理土地、房屋权属变更、转移登记手续。

学习任务二　对农村住房的执行

一、对农村住房的调查与查封

我国农村地区因建房用地是村集体的宅基地、且绝大多数地方是无偿划拨的；因此，目前我国农村地区基本没有建立起完善的房屋产权登记制度，宅基地只能随房屋产权的转移而转移。为此，可由被执行人申报或申请人提供。如果获得相关住房信息，执行人员应到村委会、乡、镇政府办公室或土地所进一步调查、核实房屋所有人及共住人情况，并根据需执行的对象对该住房的权属进行确认。确认后再向上述部门送达查封裁定书和协助执行通知书，要求对房屋进行查封，同时在该房屋上加贴封条或公告。

二、对查封的农村住房的处分

对于查封的农村住房，应采用拍卖方式在集体经济组织成员内部进行拍卖。拍卖应遵循拍卖程序，先张贴拍卖公告；公告期满组织拍卖；如果流拍，也可以采用协议的方式出让。需要注意的是，拍卖农村住房时，应将房屋占用范围内的宅基地一同转让；对农村尚未建房的宅基地，不应纳入执行范围。拍卖查封的集体土地使用权及其建筑物时，如不涉及土地使用权性质的改变，仅在集体经济组织成员内部拍卖的，则应做好与相关集体经济组织的沟通协调，获得支持后公告拍卖，然后到集体土地的基层主官部门进行登记备案，办理相关手续；如涉及土地使用权性质的改变，则应做好与相关集体经济组织的沟通协调，同时征得国土资源部门的同意，获取同意拍卖的书面函件，并要求国土资源部门测算好土地出让金数额，再依拍卖国有土地使用权方式进行公告拍卖。

【训练案例一】

2005年4月22日，钟某与家住上海市静安区的刘某签订了《上海市房地产买卖合同》，合同约定，刘某将一套房屋（建筑面积：249.44m^2）及四个车位出售给钟某，转让价格为580万元，钟某签约当天支付了174万元人民币。后刘某因故不履行合同且不退还房款。钟某向上海静安区法院起诉，要求刘某偿还174万元及相关费用。法院支持了钟某的请求。然而刘某一直未履行还款义务，钟某于2006年1月向上海市静安区人民法院申请执行。

问题：

1. 假设刘某无其他财产可供执行，但钟某提供线索说刘某有房产。对此，执行员应如何处理？

2. 如果经查实，刘某确有房产，执行员可采取什么措施？须办哪些手续？

3. 在执行员采取措施后，刘某仍不履行，执行员可进一步采取什么措施？

4. 法院在强制以被执行人房产偿债时应注意哪些事项？

【训练案例二】

原告丁某与王某因承揽合同纠纷一案，河南省东营市河口区人民法院判决王某赔付丁某各项经济损失 81000 元。判决生效后，王某未按期履行义务，丁某向法院申请执行。

执行过程中，法院于 2005 年 6 月依法查封了王某在河口区农贸市场的沿街商品房一套，但案外人刘某（系被执行人王某之内弟）提出异议称：该房产已被沾化县法院先行查封，且王某已经将该房产转让给刘某，并提供了二人签订的房产转让协议，要求法院解除对该房产的查封。

经执行查明：刘某与王某因民间借贷纠纷于 2002 年 12 月诉至沾化县法院，沾化县法院在审理期间查封了上述房产，并制作了调解书，调解主文为：1. 王某于 2003 年 4 月 12 日前给付刘某欠款 80000 元；2. 逾期不还，以查封的房产作抵押，作价处理后归还刘某。调解书生效后，刘某没有申请法院执行，沾化县法院也一直未对该房产作出处理，该房产也一直没有办理产权过户手续。

另查明，该房产现在由被执行人王某对外出租，仍由王某对房产行使收益、处分的权利。

问题：

1. 法律对法院房地产查封的期限及手续是如何规定的？

2. 房地产被抵押或查封后，能否续查封？

【训练案例三】

2004 年 7 月 2 日，从香港到上海经商的王氏孪生兄弟在一份授信合同担保人处签上了他们的名字，并出具了一份承诺提供连带责任担保的担保函。由于此后主债务人未能履行还款义务，王氏兄弟作为担保人在上海一中院的生效判决中被判令承担归还 1000 余万元人民币及相应利息的义务。债权人依据生效法律文书向法院提出了强制执行的申请。此案在 2008 年 8 月 25 日立案执行后，执行法官立即责令被执行人王氏兄弟于 2008 年 9 月 4 日之前履行还款义务，但王氏兄弟以向最高院提起再审为由始终拒不履行。

问题：

1. 对香港居民作为被执行人的案件，执行人员应如何调查其财产信息？在获取其财产信息之前，可否采取其他措施？具体如何操作？

2. 设执行法官经调查发现，王氏兄弟位于本市安福路近乌鲁木齐路有房产，执行员可否采取强制措施？

3. 执行员采取强制措施后，办理此案的执行法官不止一次在不同的时间段上门执行。但每次来到王氏兄弟的住处，都只听到他们豢养的家犬在房内的叫声，却始终无人应门。法官在现场看到，王氏兄弟房门外装有电子探头，大门处装有两道防盗门，既设置了密码又有指纹验证，门禁相当森严。而由于王氏兄弟的消极回避态度，使执行案件陷入了僵局。不能进入王氏兄弟名下这三个室号的房屋内，房产的具体情形和装修情况均不得而知，评估、拍卖等变价转让措施无法正常进行。于此情形下，执行员可采取哪些措施了解被执行人是否在屋内？

4. 法官经向小区物业了解得知，屋内白天是有人的，但对执法机关和物业公司等从不开门。面对王氏兄弟这种消极阻挠执行的方式，上海一中院执行庭决定加大执行力度强制执行，并拟定了周密的操作方案。如果你是负责执行的执行员，请你草拟一份具体的执行方案。

学习情境五　对交出特定财物或权证的执行

【学习目的与要求】

掌握对交出特定财物或权证的执行的特点；掌握强制被执行人履行特定行为的方法及技巧；掌握强制被执行人履行特定行为的主要措施以及措施的适用场合。

【学习重点】

强制被执行人履行特定行为的执行方法、技巧。

学习任务一　强制交出身份凭证

一、案件受理后的工作

执行人员首先应了解案件，在做好被执行人思想工作的基础上，传唤双方当事人到庭或到指定场所，由被执行人将法律文书指定交付的身份凭证直接交付申请执行人签收。被执行人不愿当面交付的，也可以将其身份凭证先交给执行人员，由执行人员转交。

二、强制措施的实施

对被执行人拒不交出有关的身份凭证的，根据该身份凭证现为何人持有区别对待：

（1）对于身份凭证为被执行人持有的，执行人员可直接申请搜查令，至被执行人住所或办公室搜查，查获后制作搜查清单和笔录，让被执行人签字确认，查获的身份凭证转交申请人。对于将身份凭证藏匿，经说服教育仍拒不交出，或故意毁损该身份凭证的，可按申请执行人重新办理身份凭证的有关损失强制执行；如系具有纪念意义的身份凭证，可实施拘留等制裁措施。

（2）对当事人以外的个人持有该身份凭证的，人民法院应通知其交出。经教育仍不交出的，人民法院可依法强制执行；当事人以外的个人持有法律文书指定交付的身份凭证，因其过失被毁损或灭失的，人民法院可责令持有人赔偿申请执行人重新办理身份凭证的有关损失，并可按照《民事诉讼法》第一百零三条的规定予以罚款，还可以向监察机关或者有关单位建议，给予其纪律处分。

(3) 有关单位持有该身份凭证的，人民法院应向其发出协助执行通知书，由有关单位转交。有关单位持有法律文书指定交付的身份凭证，因其过失被毁损或灭失的，人民法院可责令持有人赔偿申请执行人重新办理身份凭证的有关损失。拒不赔偿的，人民法院可按申请执行人重新办理身份凭证的有关实际损失裁定强制执行。

学习任务二　强制交出财物或权证

一、案件受理后的工作

执行人员首先应了解案件，在做好被执行人思想工作的基础上，传唤双方当事人到庭或到指定场所，由被执行人将法律文书指定交付的财物或权证直接交付申请执行人签收。被执行人不愿当面交付的，也可以将应交付的财物或权证先交给执行人员，由执行人员转交。

二、实施强制措施

对被执行人拒不交出有关的财物或权证的，根据该财物或权证现为何人持有区别对待：

(1) 对于财物或权证为被执行人持有的，法院可直接申请搜查令，至被执行人住所或办公室搜查，查获后制作搜查清单和笔录，让被执行人签字确认，查获的财物或权证转交申请人。

(2) 对当事人以外的个人持有该项财物或权证的，人民法院应通知其交出。经教育仍不交出的，人民法院就依法强制执行并可按照《民事诉讼法》第一百零三条的规定予以罚款，还可以向监察机关或者有关单位建议，给予其纪律处分。当事人以外的个人持有法律文书指定交付的财物或者权证，因其过失被毁损或灭失的，人民法院可责令持有人赔偿；拒不赔偿的，人民法院可按被执行的财物或者权证的价值强制执行。

(3) 有关单位持有该项财物或权证的，人民法院应向其发出协助执行通知书，由有关单位转交。有关单位持有法律文书指定交付的财物或者权证，因其过失被毁损或灭失的，人民法院可责令持有人赔偿。拒不赔偿的，人民法院可按被申请执行财物的实际价值或者票据的实有价值裁定强制执行。

(4) 对于将财物或权证藏匿，经说服教育仍拒不交出，或故意毁损该财物或权证的，可按被执行的财物或者权证的价值强制执行。

（5）对被执行人或案外人持有的财产凭证，如房产证等，拒不交出而经搜查没有查获的，除可以对被执行人或案外人给予处罚外，还可以裁定宣布该财产凭证作废，申请执行人依该裁定重新办理有关财产凭证的费用由被执行人或案外人承担。

【训练案例一】

申请执行人：某有限责任公司

被申请执行人：某有限责任公司前任董事长

一个月前，某有限责任公司依法召开董事会，改选了董事长。原董事长彭某依法定程序被免职后，认为是某些人故意与他过不去，出于报复，拒不交出公司印章。由于公司无法进行正常的经营活动，某有限责任公司虽经多方努力未果。于是向法院起诉，法院裁决生效后，彭某仍不交出公司印章。

问题：

1. 该案可否申请强制执行？执行标的是什么？

2. 该案应如何执行？

【训练案例二】

申请执行人：张女士

被执行人：齐某

2008年张女士与齐某离婚，法院判决住房归张女士所有。但离婚前房产证却登记在齐某名下。现判决生效后，齐某因对张女士离婚不满，拒不交出房产证，不予配合办理变更手续。

问题：

对该类案件，应如何执行？

【训练案例三】

申请执行人：王女士

被执行人：王某

王女士欲与未来丈夫结婚，遭到全家人反对，其父亲王某将户口本藏了起来，阻止女儿办理结婚登记。无奈之下，王女士于2010年10月向法院申请执行。

问题：

法院对该案件，应如何执行？

学习情境六　强制排除妨碍

【学习目的与要求】

掌握各类强制排除妨碍执行案件的特点、执行原则、方法及技巧，能够运用所学执行方法及技巧实施强制排除妨碍的执行。

【学习重点】

掌握强制迁出居所执行案件、强制拆除违章建筑执行案件的特点、执行原则、预案制作需注意的事项及技巧。

一、强制排除妨碍执行案件的主要特点

对于法律文书确定的排除妨碍的裁决，执行人员首先应充分了解案件，向被执行人发出执行通知书，或传唤被执行人，耐心倾听了解情况，掌握被执行人的内心动态；其次，主动向被执行人释法析理，做好被执行人的思想工作，敦促被执行人自动履行，告知拒不履行的法律后果。根据案情还可以约见双方当事人，提出有针对性的方案，引导当事人和解。

二、排除妨碍的一般处理措施

（1）对于只能由被执行人完成的行为，执行人员要了解分析被执行人的心态，找出被执行人不履行的原因；然后对被执行人进行法制教育，动员其主动履行义务，打消被执行人存有的任何侥幸心理，使被执行人减少抵触情绪，避免暴力抗法事件的发生。经教育，被执行人仍拒不履行的，人民法院可以依照《民事诉讼法》第一百零二条的规定，对被执行人采取罚款、拘留等强制执行措施，以对被执行人施加压力，迫使被执行人实施法律文书指定的行为。

（2）对于可以由他人替代完成的行为，如房屋腾退、房屋拆迁、消除危险、恢复原状等，可以由法院直接委托有关单位或者个人完成，也可以由权利人委托有关单位或者个人完成，还可以由权利人自己完成。凡由他人代为完成的，费用依法应由被执行人承担。对于被执行人应承担的费用数额，应由执行法院依职权酌定，必要时也可请有专门知识、技能的鉴定人确定，以求公平。执行法院裁定被执行人支付或者预付代为履行的费用，而被执行人拒不交付

的，可以以该裁定为执行依据对被执行人强制执行，适用关于金钱债权执行的程序。

学习任务一　强制迁出居所

一、强制执行前的准备工作

房屋所有权人申请的房屋腾退执行案件，常见于房屋租赁合同期满后，承租人不主动退出房屋；或者有关人员强占公私房屋，拒不迁出，影响房屋所有权人行使房屋使用权，房屋所有权人诉至法院，要求承租人腾退房屋。

强制迁出居所执行案件在实施强制迁离措施前，要重点做好以下工作：

（1）向被执行人发出限期迁离的公告，公告在被执行人居住地张贴。公告起到告知周边群众，获取群众理解、支持的作用。

（2）执行前应掌握被执行人及其占有房屋的必要信息，包括：①迁出前户籍、被执行人及其家属居住人员数量及身体健康状况、物品存放大致种类及数量；②居住人有无其他迁入地，居住人、周边居民及基层组织对迁离的态度，可能阻碍强制迁离的人员数量；③迁出地至拟迁入地所需时间及行车路线；④拟迁入地面积大小，现居住人与需迁入人之间的关系情况；⑤迁出地周边环境，包括周边道路交通状况、是否有适宜停放车辆的地点、距现场最近的医院及前往线路、所需时间等；⑥迁出地相关基层组织的办公地点、联系人员及联系方式。

（3）制作执行预案。预案内容因案情可简可详，一般包括：执行时间、地点、简要案情介绍、难点、前期准备工作；参与现场执行的单位、人员及其职责分工，主要包括指挥组、外围组、人员控制组、危险排查组、措施实施组、财产清点组、证据采集组、后勤保障组；具体执行措施的实施步骤；对可能发生的突发事件的应对措施及相关增援方案；善后工作，明确善后的责任部门及人员分工。

执行预案要综合考虑到各方面的因素以及各种可能发生的情况，必要时应有多套方案。

二、强制迁出居所执行案件的实施

（1）控制现场。

①及时疏散无关人员，确保进出通道的畅通，一般可采取设置警戒线的方式作适当隔离；②强制实施前与相关基层组织取得联系，将有对抗情绪及年老体弱的当事人或其他周边居住人员先劝离或强制带离现场；③对在场人员进行

必要的法制宣传，告知相关注意事项；④有效控制水电煤气开关、危险物品位置或窗户、阳台、屋顶平台等危险区域；⑤执行实施人员和外围警戒人员保持联系畅通并互相配合；⑥对不听劝阻，强行滞留现场的人员，要及时果断地实施强制带离现场、拘留等强制措施。

（2）组织实施。

对强制迁离案件，在组织实施时执行人员应注意把握以下要点：

①保持精力集中、观察敏锐，及时发现可能导致突发事件的征兆、苗头；

②关注被执行人或其家属等在场人员的动向，对其过激的言行及时加以阻止；

③遇被执行人或其家属阻拦执行，谩骂、侮辱执行人员时要冷静克制、言行得当，避免慌乱冲动，导致事态恶化；

④对未经许可在执行现场进行摄影摄像的人员，要及时劝阻，必要时责令交出相关影像资料；

⑤要合理判断行为人行为目的及事态后果，结合现场执行力量强弱，把握进退时机，避免盲目冒进，导致事态进一步恶化；

⑥限制涉案或必须在场人员随意走动或搬运物品；

⑦迁入地要有专人实施控制，防止人员、物品无法迁入；

⑧搬运迁出物品途中要有专人随车看管；

⑨遇到被执行人或其家属以暴力抗拒强制迁离时，应采取强制带离现场、拘留等措施，防止意外事件发生；遇被执行人或其家属以自残等方式抗拒执行的，要及时制止，无法制止的，为避免不必要的伤害，应当撤离、暂缓执行。

（3）对突发事件的处置：

①对在现场执行时拒不开门或将自己反锁在屋内的，应先通过被执行人的措辞情绪，判断其不配合的目的，并通知相关基层组织做好说服解释、劝说工作；另一方面寻找进入的窗户、边门等突破口；被执行人仅以阻挠执行为目的，而教育不获配合的，可伺机采取强制开启措施；但被执行人以自杀、自残相威胁的，如无法控制其行为，可先行撤离。

②对在进出口通道设置障碍物阻止执行的，应了解障碍的设置人及其目的，确认有无其他进入通道或者清除障碍的难易程度，如无其他通道且障碍难以一时清除，或者被执行人以自杀、自残相威胁的，如无法控制其行为，可先行撤离。

③对在执行现场阻止执行车辆开动的，不能贸然开动，以免对车辆周围的人群造成伤害；应尽量对阻止人员进行教育疏导，阐明阻碍执行的法律后果；严防阻止人员损害车辆，力争控制现场秩序，待秩序稳定后，立即开车离开现场；现场难以控制的，应立即向院、庭领导汇报并向公安机关求助，等待增

援；如危及执行人员人身安全，可先行撤至安全地带等候增援。出现上述情形要尽量通过拍照、摄像等方式固定证据、同时注意摄像人员人身安全。

④对于在执行现场实施自杀、自残的行为，事先应商请医疗人员协助并做好预防措施，一旦发生应即刻施救；送治途中要有家属、法院或基层组织人员陪同。

学习任务二　强制拆除违章建筑

一、强制拆除违章建筑前的准备工作

违章建筑是指违反《土地管理法》、《城乡规划法》、《村庄和集镇建设管理条例》等相关法律法规的规定，未取得建设工程规划许可证或者违反建设工程规划许可证核定的相关内容动工建造的房屋及设施。对违章建筑，建设局、国土资源局、规划局等行政部门按规定下发停工和整改通知书而当事人仍不予理会的，行政部门申请人民法院实施强制执行。

人民法院受理强制拆除违章建筑的申请后，应首先传唤被执行人，做好被执行人工作，争取促其主动拆除。在争取被执行主动拆除的过程中可观察、了解被执行人的思想动态，进一步了解案情，为实施强制拆除做好准备。如果被执行人不予拆除，人民法院应着手实施强制拆除。在实施强制拆除措施前，要重点做好以下工作：

（1）向被执行人发出限期拆除的公告，公告在被执行人居住地张贴，获取群众理解、支持。

（2）制作执行预案。预案内容包括执行时间、地点、简要案情介绍、难点、前期准备工作；参与现场执行的单位、人员及其职责分工，主要包括指挥组、外围组、人员控制组、危险排查组、措施实施组、财产清点组、证据采集组、后勤保障组；具体执行措施的实施步骤，必要时应有多套方案；对可能发生的突发事件的应对措施及相关增援方案；善后工作，明确善后的责任部门及人员分工。

（3）执行前应掌握现场的必要信息，包括：到达现场所需时间及最佳路线；现场基本情况，如建筑物的权属、大小、结构，出入口的数量及进出通道是否容易受阻，水电煤气开关所在位置、是否有危险物品及危险物品存放位置；设置警戒线的区域、现场居住、办公或经常出入的人员数量及关系；执行标的物或所涉财产的情况；周边环境，包括周边道路交通状况、是否有适宜停放车辆的地点、标志性建筑物等；相关基层组织的办公地点、联系人员及联系方式，距现场最近的医院及前往线路、所需时间等。

拆违案件除应掌握一般案件的执行现场情况外，还应注意把握以下要点：

（1）违章建筑的结构和所用建筑材料，违章建筑的拆除对主体建筑或相邻建筑是否有影响；

（2）违章建筑的由来，即是自行搭建，还是有关部门同意搭建；

（3）违章建筑的用途，即是居住、饲养动物，还是经营，建筑物内有无财物存放、人员居住或工作；

（4）在建筑物内居住或工作的人员数量、身体健康状况，对强制拆除的态度及情绪，是否存在诸如居住人无其他安置地或涉及大批员工安置等不稳定因素；

（5）周边有无同类违章搭建情况、周边居住人员及基层组织对拆除的态度，掌握可能阻止强制拆除的人员数量；

（6）周边有无存放现场清理出的财物或倾倒建筑垃圾的场所。

二、强制拆除违章建筑的实施

实施强制拆除违章建筑时，应做好以下工作：

1. 控制现场：

（1）设置警戒线，及时疏散无关人员，确保进出通道的畅通；拆违现场的警戒线设置范围要确保拆除工程的安全。

（2）实施强制拆除前与相关基层组织配合将被执行人、同住人及其他无关人员先行劝离或强制带离现场，对被执行人、同住人由专人控制；对在场人员进行必要的法制宣传，告知相关注意事项。

（3）有效控制水电煤气开关、危险物品位置或窗户、阳台、屋顶平台等危险区域。

（4）限制涉案或必须在场人员随意走动或搬运物品。

（5）关注在场人员动向，对其过激的言行及时加以阻止；强制拆违执行现场尤其要关注被执行人及其家属的下列动向：

①是否有过激、挑衅或煽动性的言行；

②是否有向放置诸如刀具等危险物品的地方、水煤电开关所在位置或窗户、阳台、屋顶平台等区域靠近的举动；

③是否有危害自身或危害执行人员、在场的另一方当事人的举动。

④是否在执行人员查看某处地方或询问时有神情紧张、闪烁其词、反应过激等表现。

⑤是否频繁打电话或在打电话时有意回避在场执行人员的举动。

一旦发现有危险苗头，执行人员应果断采取强制带离现场、拘留等措施予以处置。

2. 执行实施人员和外围警戒人员应保持联系畅通并互相配合；对未经许可在执行现场进行摄影摄像的人员，要及时劝阻，必要时责令交出相关影像资料。拆除时要注意安全、文明施工，尽量缩短施工时间，禁止无关人员进入施工现场。实施拆除时对清理出的财物，应由专人看管。

3. 妥善处理新闻媒体报道有关事项：

(1) 重点关注被执行人及相关人员在新闻媒体到场后的情绪状况，防止其情绪亢奋，危及现场人员安全；

(2) 注意执行人员的自身形象，不能出现违反法律法规、有损自身形象的言谈举止；

(3) 加强对报道内容的审核，要求客观真实反映案件情况，注意舆论导向；

(4) 一旦执行现场发生突发事件，应注意确保到场媒体人员的人身及财产安全。

4. 拆违案件执行中的突发事件处置可参考强制迁出居所执行案件突发事件的处置办法。

【训练案例一】对李某非法占用土地强制执行案

1986 年 12 月，李某擅自在他向生产队承包的 1 分 9 厘秧田上建私房。动工后，群众和村干部劝告制止，李某不予理睬。乡政府责令李某在 3 天内拆除违法建筑，李某蛮横地说："房子我要继续盖，限你们 3 天把我抓起来!"办事处的领导人对李某进行教育，李某态度恶劣，不听劝阻，强行完成 72.39 平方米的地基工程。办事处报请区城乡建设环境保护局处理。该局领导亲自到某村，向李某进行土地管理法的宣传教育，劝其自动拆除违法建筑。李某不仅不听，竟无理地说："你们抓我去劳改，我也要盖!"

某区城乡建设环境保护局根据《中华人民共和国土地管理法》第四十五条关于"农村居民未经批准或者采取欺骗手段骗取批准，非法占用土地建住宅的，限期拆除或者没收在非法占用的土地上新建的房屋"的规定，于 1987 年 1 月 10 日作出决定："李某未经批准，擅自在承包的秧田上建盖房屋是非法的，必须立即停工，自接到处理决定之日起 3 日内拆除违法建筑，恢复耕地。"同时，根据《土地管理法》第五十二条的规定，告知当事人："对行政处罚决定不服的，可以在接到处罚决定通知之日起 30 日内，向人民法院起诉；期满不起诉又不履行的，由作出处罚决定的机关申请人民法院强制执行。"

李某在接到某区城乡建设环境保护局处罚决定限期届满后，既不向人民法院起诉，又不履行处罚决定。某区城乡建设环境保护局为认真执行土地管理法，根据《土地管理法》第五十二条的规定，于 1987 年 2 月 3 日，向云南省昆明市某区人民法院申请强制执行。

问题：

1. 某区人民法院受理案件后经审查，认为某区城乡建设环境保护局对被执行人李某的处罚决定是正确的。此时法院下一步应采取什么措施？

2. 如果李某在法院采取措施后仍不履行，下一步该如何执行？

【训练案例二】

申请执行人：甲公司

被执行人：乙公司

申请执行人甲公司诉被执行人乙公司房屋租赁合同纠纷一案，经某区人民法院审理，于2007年4月10日作出民事判决：1. 解除甲公司与乙公司的房屋租赁合同；2. 乙公司支付甲公司租金39698元，违约金500元，损失493元，三项共计40691元。双方均未上诉。该法律文书生效后，被执行人乙公司未履行生效法律文书确定的义务。申请执行人甲公司向某区人民法院申请强制执行。要求被执行人迁出房屋，并支付租金和损失。法院审查后立案。

问题：

1. 该案的执行标的是什么？

2. 设乙公司拒不交出房屋，法院应如何执行？

【训练案例三】

申请执行人：何某

被执行人：李某

2007年4月20日上午，何某诉李某擅自在其居住的一楼破墙开店纠纷，经法院审理后判决李某自行恢复。但判决生效后李某一直没有自行恢复。无奈之下，何某申请法院强制执行。

问题：

1. 对该类案件，法院立案后该如何采取措施实施执行？

2. 该类案件的执行有哪些特点？

3. 在当天的执行过程中，执行人员先叫工人封门，等封到0.5米左右时，因当事人提出异议，又组织人员拆掉了刚刚封上的墙体。这让当事人乘机借题发挥，引来百余人围观。你觉得执行人员在该案执行中存在哪些不足？

学习情境七　财产刑的执行

【学习目的与要求】

掌握财产刑的种类及共同点；掌握罚金刑的缴纳方式、适用程序；掌握没收财产刑的执行措施及适用程序以及被没收财产的甄别方法。

【学习重点】

罚金刑的执行启动；没收财产刑的立即执行；财产刑的执行措施及程序。

一、财产刑的涵义及特点

财产刑是以剥夺犯罪分子的财产为惩罚内容的刑种，包括罚金刑和没收财产刑。罚金是人民法院判处犯罪人向国家缴纳一定数量金钱的刑罚方法。没收财产刑是强制将犯罪分子个人所有的一部或者全部的财产无偿地收归国家的一种刑罚方法。

罚金刑和没收财产刑的区别主要在于：其一，没收财产的执行范围要大于罚金。除了金钱以外的物质财产，包括动产和不动产，均可没收。其二，在执行方式上，罚金远比没收财产灵活，罚金可以一次缴纳，也可以分期缴纳，特殊情况下还可以随时缴纳或减免缴纳，而没收财产刑则必须一次性予以追缴。

罚金刑和没收财产刑具有以下共同特征：

（1）从性质上看，都是人民法院对犯罪分子采取的强制性财产惩罚措施。

（2）从执行范围上看，按照我国刑法罪责自负的原则，罚金同没收财产一样，只能执行犯罪分子个人所有的财产，不能执行犯罪分子家属所有或者应有的财产。

（3）从执行机构上看，罚金和没收财产适用同一标准确定执行机构。2010年6月1日起施行的《财产刑执行若干规定》明确规定财产刑由第一审人民法院负责裁判执行的机构执行，被执行的财产在异地的，第一审人民法院可以委托财产所在地的同级人民法院代为执行。

（4）从执行措施上看，罚金和没收财产都可采取查封、扣押、冻结等强制执行措施。

（5）从与民事责任冲突时的执行顺序上看，被判处罚金或者没收财产，同时又承担刑事附带民事诉讼赔偿责任的被执行人，应当先履行对被害人的民事赔偿责任。判处财产刑之前被执行人所负正当债务，应当偿还的，经债权人请求，先行予以偿还。

二、财产刑执行中特殊情形的处理

（一）执行中止

执行中止是指案件在执行过程中，由于特定情况出现而导致执行暂时不能继续进行，需要等到这种状况消失后再行恢复执行的情形。《财产刑执行若干规定》第八条规定，具有下列情形之一的，人民法院应当裁定中止执行；中止执行的原因消除后，恢复执行：1. 执行标的物系人民法院或者仲裁机构正在审理的案件争议标的物，需等待该案件审理完毕确定权属的；2. 案外人对执行标的物提出异议确有理由的；3. 其他应当中止执行的情形。

（二）执行终结

在执行过程中，由于发生某种特殊情况，执行程序没有必要或不可能继续进行，从而结束执行程序的，叫执行终结。《财产刑执行若干规定》第九条规定，具有下列情形之一的，人民法院应当裁定终结执行：1. 据以执行的刑事判决、裁定被撤销的；2. 被执行人死亡或者被执行死刑，且无财产可供执行的；3. 被判处罚金的单位终止，且无财产可供执行的；4. 依照刑法第五十三条规定免除罚金的；5. 其他应当终结执行的情形。

人民法院裁定终结执行后，发现被执行人有隐匿、转移财产情形的，应当追缴。

学习任务一　罚金刑的执行

一、罚金刑的折抵与减免

（一）罚金折抵

《最高人民法院关于执行〈中华人民共和国刑事诉讼法〉若干问题的解释》第三百五十九条第三款规定：“行政机关对被告人就同一事实已经处以罚款的，人民法院判处罚金时应当予以折抵。”根据这条规定，已处的罚款应当折抵罚金，且应当在罚金判决书中明确予以折抵。当罚金进入执行程序后，已被罚金折抵的同额罚金不再执行。

（二）罚金减免

我国刑法对于罚金的减免条件规定为“遭遇不能抗拒的灾祸缴纳确实有困

难”。2000年最高人民法院《关于适用财产刑若干问题的规定》对财产刑减免条件进一步解释为“因遭受火灾、水灾、地震等灾祸而丧失财产；罪犯因重病、伤残等而丧失劳动能力，或者需要罪犯抚养的近亲属患有重病，需支付巨额医药费等，确实没有财产可供执行的情形。”

《财产刑执行若干规定》重点明确了罚金刑减免的程序问题：一是明确了法院审理罚金刑减免申请的期限为收到申请后一个月；二是明确了法院审理罚金刑减免申请后应当以裁定的方式作出准予减免或者驳回申请的裁决。这一规定对罚金刑减免程序予以明确化、具体化，将从一定程度上缓解实践中存在的罚金刑减免申请难的问题。

二、罚金的缴纳方式

罚金的缴纳方式是罚金刑的重要环节和组成部分。根据刑法的相关规定，缴纳方式有：

（一）自动缴纳

它是指在人民法院指定的期限内罪犯能够按时、自觉、主动地缴纳全部罚金。自动缴纳是实现罚金的最主要方式，能够反映出罪犯的悔罪态度和程度。

（二）强制缴纳

它是指人民法院规定的缴纳期限届满，有缴纳能力的罪犯不缴纳或不足额缴纳罚金，人民法院采取相应的强制措施，强制罪犯缴纳。强制缴纳措施有查封、变卖财产、冻结存款、扣留收入等。

（三）随时缴纳

它是指对于不能主动缴纳罚金的罪犯，人民法院在任何时候发现其有可以执行的财产，应当随时追缴。

三、罚金刑的适用程序

（一）程序启动

罚金执行程序的启动与一般民事执行案件不同，一般民事案件的执行由权利一方的当事人提出申请，而人民法院代表国家行使审判权判处犯罪人罚金刑，且所罚的款项归国家所有，因而，不必要提出申请执行，由人民法院直接执行即可。

程序的启动是在人民法院规定的缴纳期限届满，有缴纳能力的罪犯不缴纳或不足额缴纳罚金时，由人民法院执行局进行立案执行。

（二）执行措施

罚金的执行相同于金钱给付的执行，金钱给付的执行方法和措施适用于罚金的强制执行。由于本书在前面学习情境中已专做详解，在此不再赘述。

此外，如果被执行人的金钱给付不足以支付罚金，则可对其本人的合法财产采取查封、扣押、冻结等强制执行措施，通过拍卖、变卖等手段予以折抵罚金。相关的程序操作在前述学习情境中也已涉及，不再详解。

学习任务二　没收财产刑的执行

根据《刑法》第五十九条的规定，人民法院没收财产时，只能没收罪犯本人所有的一部分财产或全部财产。当没收罪犯的全部财产时，应当对罪犯个人及其抚养的家属保留必需的生活费用。没收财产的，不得没收属于罪犯家属所有或应有的财产。

一、被没收财产所有权的甄别

由于刑法规定的是没收罪犯个人所有的财产，因而涉及罪犯个人财产与家庭财产的甄别问题。在刑事司法活动中甄别财产所有权，要坚持形式要件与实质要件相结合的原则，不能简单地以形式意义上的不动产登记为准判断财产的属性。司法机关如果有证据证明，罪犯为躲避惩罚，实施了转移财产的行为，或是借助他人名义登记为相关财产的所有权人，民事法律上的形式要件不能成为没收财产刑得以实施的障碍。实际上，《民法通则》就规定有“恶意串通，损害国家、集体或者第三人利益”，以及“以合法形式掩盖非法目的”等无效民事行为。当然，司法机关在甄别这些财产属性时，一定要坚持证据确实、充分与存疑时有利于被告人的原则。对财产所有权存在异议的执行对象，要有确实、充分的证据证明此财产确实为罪犯个人所有时才能作为没收财产的对象；对证据不够确实、充分的，要坚持存疑时有利于被告人的原则，不将这些财产认定为被告人个人的财产。

二、程序的启动

根据《规定》第三条，没收财产刑的执行在判决生效时立即开始。具体由第一审法院的执行局进行立案执行。

三、执行措施

没收财产刑的执行的对象包括金钱、动产和不动产，三者的执行方法和措施适用于没收财产刑的强制执行。由于本书在前面学习情境中已专做详解，在此不再赘述。

【训练案例一】

龙某，原系四川省安县某某镇某某村农民，因抢夺罪被上海市浦东新区法院于2007年5月判处有期徒刑两年，罚金2000元。判决生效后，罪犯龙某被移送至上海市白茅岭监狱服刑。该案罚金尚未缴纳，由浦东新区法院刑庭移交执行庭立案执行。执行过程中，被执行人龙某以其家庭在“5·12”地震中受灾严重、无力缴纳罚金，且在服刑过程中能认罪服法、认真改造为由，向浦东新区法院提出免除罚金刑的请求。上海市白茅岭监狱及上海市军天湖农场区人民检察院核查了龙某的服刑改造情况，并通过四川省安县某某镇政府查明，被执行人龙某家庭4间房屋全部毁损，其妻在地震前因病死亡，家中年迈父母和两个11岁的女儿依靠政府救济生活。后上海市军天湖农场区检察院依据龙某的申请向浦东新区法院提交了对龙某终结执行罚金刑的检察建议书。

问题：

1. 此检察建议是否有法律依据？
2. 法院应当如何裁定？

【训练案例二】

上海市黄浦区人民法院（2009）黄刑初字第344号刑事判决确定：刘某犯盗窃罪，判处有期徒刑六个月，并处罚金人民币一千元。法院刑事审判庭于2009年9月15日移交执行庭执行。截至2010年2月1日，被执行人未能按生效法律文书履行义务。

问题：

1. 如何强制执行罚金？
2. 如果现金不够，可以执行其他财产吗？

【训练案例三】

1998年至2005年，被告人袁某在担任中国工商银行某州市分行干部学校（以下简称“工行干校”）出纳、会计期间，受该校负责人谢某的指使，在收取该校函授学员的学杂费过程中，采取收款不入账的手段私设账外账，并将账外资金以被告人袁某的名义存入某县工商银行活期存折中。2005年下半年，中国工商银行某州市分行干部学校即将撤销，被告人袁某与该校临时工被告人胡某商议私分账外资金。2005年12月1日、12月2日、12月5日，被告人袁某分三次从其保管的账外资金存折提取了人民币132837元交给被告人胡某。同年12月7日、12月12日、12月13日，被告人袁某又分三次从其保管的账外资金存折中提取本息共计人民币80534.91元，占为己有。两被告人共同私分账外资金共计人民币 213371.91 元。被告人袁某归案后，提供了他人犯罪的重要线索，从而得以侦破其他案件。案发后，两被告人已退清全部赃款。法院判决如下：1. 被告人胡某犯贪污罪，判处有期徒刑七年，并处没收财产八万元。2. 被告人袁某犯贪污罪，判处有期徒刑五年，并处没收财产八万元。上诉期内当事人提起上诉，二审法院维持原判。

问题：

1. 没收财产从何时开始执行？
2. 没收财产时可采取哪些执行措施？

【训练案例四】

陈某 1963 年出生在广州，已加入法国籍。1999 年初，陈某、谢某伙同钟某（另案处理）密谋用化学合成方法制造冰毒贩卖牟利，约定三人共同出资，由钟某纠集他人购买原料、设备制造冰毒，再由陈某、谢某、钟某各自贩卖，所得利润三人按比例分配。

1999 年至 2003 年，钟某先后纠集冼某某等人在广东惠州、中山、番禺以及河南等地，租用房屋以化学合成方式制造冰毒多达数吨。制成冰毒由团伙成员李某采取夹藏方式分数次运到广州，交给受钟某等指定的接收人，再由接收人将冰毒运往广州番禺的别墅内存放，并派专人看管登记。陈某、谢某、钟某等人各自联系买家，指派手下安排他人交接冰毒。公安机关在该别墅内查获白色晶体 3984.141 千克，经鉴定含有甲基苯丙胺成分。

法院认为，陈某、谢某犯贩卖、运输、制造毒品罪，判处死刑，剥夺政治权利终身，并处没收个人全部财产。因陈某在 2007 年犯走私、贩卖毒品罪被判处无期徒刑，与前罪数罪并罚，决定执行死刑。李某犯运输、制造毒品罪，判处死刑，缓期两年执行，剥夺政治权利终身，并处没收个人全部财产。

问题：

1. 没收财产应由哪个部门立案执行？
2. 对外国籍陈某可以没收其在国外的财产吗？

附录　法院执行法律、法规

一、《中华人民共和国民事诉讼法》(节录)

(2007年10月28日第十届全国人民代表大会常务委员会第三十次会议通过，2007年10月28日中华人民共和国主席令第七十五号令公布，自2008年4月1日起施行)

第三编　执行程序

第十九章　一般规定

第二百零一条　发生法律效力的民事判决、裁定，以及刑事判决、裁定中的财产部分，由第一审人民法院或者与第一审人民法院同级的被执行的财产所在地人民法院执行。

法律规定由人民法院执行的其他法律文书，由被执行人住所地或者被执行的财产所在地人民法院执行。

第二百零二条　当事人、利害关系人认为执行行为违反法律规定的，可以向负责执行的人民法院提出书面异议。当事人、利害关系人提出书面异议的，人民法院应当自收到书面异议之日起十五日内审查，理由成立的，裁定撤销或者改正；理由不成立的，裁定驳回。当事人、利害关系人对裁定不服的，可以自裁定送达之日起十日内向上一级人民法院申请复议。

第二百零三条　人民法院自收到申请执行书之日起超过六个月未执行的，申请执行人可以向上一级人民法院申请执行。上一级人民法院经审查，可以责令原人民法院在一定期限内执行，也可以决定由本院执行或者指令其他人民法院执行。

第二百零四条　执行过程中，案外人对执行标的提出书面异议的，人民法院应当自收到书面异议之日起十五日内审查，理由成立的，裁定中止对该标的的执行；理由不成立的，裁定驳回。案外人、当事人对裁定不服，认为原判决、裁定错误的，依照审判监督程序办理；与原判决、裁定无关的，可以自裁定送达之日起十五日内向人民法院提起诉讼。

第二百零五条　执行工作由执行员进行。采取强制执行措施时，执行员应当出示证件。执行完毕后，应当将执行情况制作笔录，由在场的有关人员签名或者盖章。

人民法院根据需要可以设立执行机构。

第二百零六条　被执行人或者被执行的财产在外地的，可以委托当地人民法院代为执行。受委托人民法院收到委托函件后，必须在十五日内开始执行，不得拒绝。执行完毕后，应当将执行结果及时函复委托人民法院；在三十日内如果还未执行完毕，也应当将执行情况函告委托人民法院。

受委托人民法院自收到委托函件之日起十五日内不执行的，委托人民法院可以请求受委托人民法院的上级人民法院指令受委托人民法院执行。

第二百零七条　在执行中，双方当事人自行和解达成协议的，执行员应当将协议内容记入笔录，由双方当事人签名或者盖章。

一方当事人不履行和解协议的，人民法院可以根据对方当事人的申请，恢复对原生效法律文书的执行。

第二百零八条　在执行中，被执行人向人民法院提供担保，并经申请执行人同意的，人民法院可以决定暂缓执行及暂缓执行的期限。被执行人逾期仍不履行的，人民法院有权执行被执行人的担保财产或者担保人的财产。

第二百零九条　作为被执行人的公民死亡的，以其遗产偿还债务。作为被执行人的法人或者其他组织终止的，由其权利义务承受人履行义务。

第二百一十条　执行完毕后，据以执行的判决、裁定和其他法律文书确有错误，被人民法院撤销的，对已被执行的财产，人民法院应当作出裁定，责令取得财产的人返还；拒不返还的，强制执行。

第二百一十一条　人民法院制作的调解书的执行，适用本编的规定。

第二十章　执行的申请和移送

第二百一十二条　发生法律效力的民事判决、裁定，当事人必须履行。一方拒绝履行的，对方当事人可以向人民法院申请执行，也可以由审判员移送执行员执行。

调解书和其他应当由人民法院执行的法律文书，当事人必须履行。一方拒绝履行的，对方当事人可以向人民法院申请执行。

第二百一十三条　对依法设立的仲裁机构的裁决，一方当事人不履行的，对方当事人可以向有管辖权的人民法院申请执行。受申请的人民法院应当执行。

被申请人提出证据证明仲裁裁决有下列情形之一的，经人民法院组成合议庭审查核实，裁定不予执行：

（一）当事人在合同中没有订有仲裁条款或者事后没有达成书面仲裁协议的；

（二）裁决的事项不属于仲裁协议的范围或者仲裁机构无权仲裁的；

（三）仲裁庭的组成或者仲裁的程序违反法定程序的；

（四）认定事实的主要证据不足的；

（五）适用法律确有错误的；

（六）仲裁员在仲裁该案时有贪污受贿，徇私舞弊，枉法裁决行为的。

人民法院认定执行该裁决违背社会公共利益的，裁定不予执行。裁定书应当送达双方当事人和仲裁机构。

仲裁裁决被人民法院裁定不予执行的，当事人可以根据双方达成的书面仲裁协议重新申请仲裁，也可以向人民法院起诉。

第二百一十四条　对公证机关依法赋予强制执行效力的债权文书，一方当事人不履行的，对方当事人可以向有管辖权的人民法院申请执行，受申请的人民法院应当执行。

公证债权文书确有错误的，人民法院裁定不予执行，并将裁定书送达双方当事人和公证机关。

第二百一十五条　申请执行的期间为二年。申请执行时效的中止、中断，适用法律有关诉讼时效中止、中断的规定。

前款规定的期间，从法律文书规定履行期间的最后一日起计算；法律文书规定分期履行的，从规定的每次履行期间的最后一日起计算；法律文书未规定履行期间的，从法律文书生效之日起计算。

第二百一十六条　执行员接到申请执行书或者移交执行书，应当向被执行人发出执行通知，责令其在指定的期间履行，逾期不履行的，强制执行。

被执行人不履行法律文书确定的义务，并有可能隐匿、转移财产的，执行员可以立即采取强制执行措施。

第二十一章　执行措施

第二百一十七条　被执行人未按执行通知履行法律文书确定的义务，应当报告当前以及收到执行通知之日前一年的财产情况。被执行人拒绝报告或者虚假报告的，人民法院可以根据情节轻重对被执行人或者其法定代理人、有关单位的主要负责人或者直接责任人员予以罚款、拘留。

第二百一十八条　被执行人未按执行通知履行法律文书确定的义务，人民法院有权向银行、信用合作社和其他有储蓄业务的单位查询被执行人的存款情况，有权冻结、划拨被执行人的存款，但查询、冻结、划拨存款不得超出被执行人应当履行义务的范围。

人民法院决定冻结、划拨存款，应当作出裁定，并发出协助执行通知书，银行、信用合作社和其他有储蓄业务的单位必须办理。

第二百一十九条　被执行人未按执行通知履行法律文书确定的义务，人民法院有权扣留、提取被执行人应当履行义务部分的收入。但应当保留被执行人及其所扶养家属的生活必需费用。

人民法院扣留、提取收入时，应当作出裁定，并发出协助执行通知书，被执行人所在单位、银行、信用合作社和其他有储蓄业务的单位必须办理。

第二百二十条　被执行人未按执行通知履行法律文书确定的义务，人民法院有权查封、扣押、冻结、拍卖、变卖被执行人应当履行义务部分的财产。但应当保留被执行人及其所扶养家属的生活必需品。

采取前款措施，人民法院应当作出裁定。

第二百二十一条　人民法院查封、扣押财产时，被执行人是公民的，应当通知被执行人或者他的成年家属到场；被执行人是法人或者其他组织的，应当通知其法定代表人或者主要负责人到场。拒不到场的，不影响执行。被执行人是公民的，其工作单位或者财产所在地的基层组织应当派人参加。

对被查封、扣押的财产，执行员必须造具清单，由在场人签名或者盖章后，交被执行人一份。被执行人是公民的，也可以交他的成年家属一份。

第二百二十二条　被查封的财产，执行员可以指定被执行人负责保管。因被执行人的过错造成的损失，由被执行人承担。

第二百二十三条　财产被查封、扣押后，执行员应当责令被执行人在指定期间履行法律文书确定的义务。被执行人逾期不履行的，人民法院可以按照规定交有关单位拍卖或者变卖被查封、扣押的财产。国家禁止自由买卖的物品，交有关单位按照国家规定的价格收购。

第二百二十四条　被执行人不履行法律文书确定的义务，并隐匿财产的，人民法院有权发出搜查令，对被执行人及其住所或者财产隐匿地进行搜查。

采取前款措施，由院长签发搜查令。

第二百二十五条　法律文书指定交付的财物或者票证，由执行员传唤双方当事人当面交付，或者由执行员转交，并由被交付人签收。

有关单位持有该项财物或者票证的，应当根据人民法院的协助执行通知书转交，并由被交付人签收。

有关公民持有该项财物或者票证的，人民法院通知其交出。拒不交出的，强制执行。

第二百二十六条　强制迁出房屋或者强制退出土地，由院长签发公告，责令被执行人在指定期间履行。被执行人逾期不履行的，由执行员强制执行。

强制执行时，被执行人是公民的，应当通知被执行人或者他的成年家属到场；被执行人是法人或者其他组织的，应当通知其法定代表人或者主要负责人到场。拒不到场的，不影响执行。被执行人是公民的，其工作单位或者房屋、土地所在地的基层组织应当派人参加。执行员应当将强制执行情况记入笔录，由在场人签名或者盖章。

强制迁出房屋被搬出的财物，由人民法院派人运至指定处所，交给被执行人。被执行人是公民的，也可以交给他的成年家属。因拒绝接收而造成的损失，由被执行人承担。

第二百二十七条　在执行中，需要办理有关财产权证照转移手续的，人民法院可以向有关单位发出协助执行通知书，有关单位必须办理。

第二百二十八条　对判决、裁定和其他法律文书指定的行为，被执行人未按执行通知履行的，人民法院可以强制执行或者委托有关单位或者其他人完成，费用由被执行人承担。

第二百二十九条　被执行人未按判决、裁定和其他法律文书指定的期间履行给付金钱义务的，应当加倍支付迟延履行期间的债务利息。被执行人未按判决、裁定和其他法律文书指定的期间履行其他义务的，应当支付迟延履行金。

第二百三十条　人民法院采取本法第二百一十八条、第二百一十九条、第二百二十条规定的执行措施后，被执行人仍不能偿还债务的，应当继续履行义务。债权人发现被执行人有其他财产的，可以随时请求人民法院执行。

第二百三十一条　被执行人不履行法律文书确定的义务的，人民法院可以对其采取或者通知有关单位协助采取限制出境，在征信系统记录、通过媒体公布不履行义务信息以及法律规定的其他措施。

第二十二章　执行中止和终结

第二百三十二条　有下列情形之一的，人民法院应当裁定中止执行：

（一）申请人表示可以延期执行的；

（二）案外人对执行标的提出确有理由的异议的；

（三）作为一方当事人的公民死亡，需要等待继承人继承权利或者承担义务的；

（四）作为一方当事人的法人或者其他组织终止，尚未确定权利义务承受人的；

（五）人民法院认为应当中止执行的其他情形。

中止的情形消失后，恢复执行。

第二百三十三条　有下列情形之一的，人民法院裁定终结执行：

（一）申请人撤销申请的；

（二）据以执行的法律文书被撤销的；

（三）作为被执行人的公民死亡，无遗产可供执行，又无义务承担人的；

（四）追索赡养费、扶养费、抚育费案件的权利人死亡的；

（五）作为被执行人的公民因生活困难无力偿还借款，无收入来源，又丧失劳动能力的；

（六）人民法院认为应当终结执行的其他情形。

第二百三十四条　中止和终结执行的裁定，送达当事人后立即生效。

二、《最高人民法院关于适用〈中华人民共和国民事诉讼法〉执行程序若干问题的解释》

（《最高人民法院关于适用〈中华人民共和国民事诉讼法〉执行程序若干问题的解释》已于2008年9月8日由最高人民法院审判委员会第1452次会议通过。现予公布，自2009年1月1日起施行。）

为了依法及时有效地执行生效法律文书，维护当事人的合法权益，根据2007年10月修改后的《中华人民共和国民事诉讼法》（以下简称民事诉讼法），结合人民法院执行工作实际，对执行程序中适用法律的若干问题作出如下解释：

第一条　申请执行人向被执行的财产所在地人民法院申请执行的，应当提供该人民法院辖区有可供执行财产的证明材料。

第二条　对两个以上人民法院都有管辖权的执行案件，人民法院在立案前发现其他有管辖权的人民法院已经立案的，不得重复立案。

立案后发现其他有管辖权的人民法院已经立案的，应当撤销案件；已经采取执行措施的，应当将控制的财产交先立案的执行法院处理。

第三条　人民法院受理执行申请后，当事人对管辖权有异议的，应当自收到执行通知书之日起十日内提出。

人民法院对当事人提出的异议，应当审查。异议成立的，应当撤销执行案件，并告知当事人向有管辖权的人民法院申请执行；异议不成立的，裁定驳回。当事人对裁定不服的，可以向上一级人民法院申请复议。

管辖权异议审查和复议期间，不停止执行。

第四条　对人民法院采取财产保全措施的案件，申请执行人向采取保全措施的人民法院以外的其他有管辖权的人民法院申请执行的，采取保全措施的人民法院应当将保全的财产交执行法院处理。

第五条　执行过程中，当事人、利害关系人认为执行法院的执行行为违反法律规定的，可以依照民事诉讼法第二百零二条的规定提出异议。

执行法院审查处理执行异议，应当自收到书面异议之日起十五日内作出裁定。

第六条　当事人、利害关系人依照民事诉讼法第二百零二条规定申请复议的，应当采取书面形式。

第七条　当事人、利害关系人申请复议的书面材料，可以通过执行法院转交，也可以直接向执行法院的上一级人民法院提交。

执行法院收到复议申请后，应当在五日内将复议所需的案卷材料报送上一级人民法院；上一级人民法院收到复议申请后，应当通知执行法院在五日内报送复议所需的案卷材料。

第八条　上一级人民法院对当事人、利害关系人的复议申请，应当组成合议庭进行审查。

第九条　当事人、利害关系人依照民事诉讼法第二百零二条规定申请复议的，上一级人民法院应当自收到复议申请之日起三十日内审查完毕，并作出裁定。有特殊情况需要延长的，经本院院长批准，可以延长，延长的期限不得超过三十日。

第十条　执行异议审查和复议期间，不停止执行。

被执行人、利害关系人提供充分、有效的担保请求停止相应处分措施的，人民法院可以准许；申请执行人提供充分、有效的担保请求继续执行的，应当继续执行。

第十一条　依照民事诉讼法第二百零三条的规定，有下列情形之一的，上一级人民法院可以根据申请执行人的申请，责令执行法院限期执行或者变更执行法院：

（一）债权人申请执行时被执行人有可供执行的财产，执行法院自收到申请执行书之日起超过六个月对该财产未执行完结的；

（二）执行过程中发现被执行人可供执行的财产，执行法院自发现财产之日起超过六个月对该财产未执行完结的；

（三）对法律文书确定的行为义务的执行，执行法院自收到申请执行书之日起超过六个月未依法采取相应执行措施的；

（四）其他有条件执行超过六个月未执行的。

第十二条　上一级人民法院依照民事诉讼法第二百零三条规定责令执行法院限期执行的，应当向其发出督促执行令，并将有关情况书面通知申请执行人。

上一级人民法院决定由本院执行或者指令本辖区其他人民法院执行的，应当作出裁定，送达当事人并通知有关人民法院。

第十三条　上一级人民法院责令执行法院限期执行，执行法院在指定期间内无正当理由仍未执行完结的，上一级人民法院应当裁定由本院执行或者指令本辖区其他人民法院执行。

第十四条　民事诉讼法第二百零三条规定的六个月期间，不应当计算执行中的公告期间、鉴定评估期间、管辖争议处理期间、执行争议协调期间、暂缓执行期间以及中止执行期间。

第十五条　案外人对执行标的主张所有权或者有其他足以阻止执行标的转让、交付的实体权利的，可以依照民事诉讼法第二百零四条的规定，向执行法院提出异议。

第十六条　案外人异议审查期间，人民法院不得对执行标的进行处分。

案外人向人民法院提供充分、有效的担保请求解除对异议标的的查封、扣押、冻结的，人民法院可以准许；申请执行人提供充分、有效的担保请求继续执行的，应当继续执行。

因案外人提供担保解除查封、扣押、冻结有错误，致使该标的无法执行的，人民法院可以直接执行担保财产；申请执行人提供担保请求继续执行有错误，给对方造成损失的，应当予以赔偿。

第十七条　案外人依照民事诉讼法第二百零四条规定提起诉讼，对执行标的主张实体权利，并请求对执行标的停止执行的，应当以申请执行人为被告；被执行人反对案外人对执行标的所主张的实体权利的，应当以申请执行人和被执行人为共同被告。

第十八条　案外人依照民事诉讼法第二百零四条规定提起诉讼的，由执行法院管辖。

第十九条　案外人依照民事诉讼法第二百零四条规定提起诉讼的，执行法院应当依照诉讼程序审理。经审理，理由不成立的，判决驳回其诉讼请求；理由成立的，根据案外人的诉讼请求作出相应的裁判。

第二十条　案外人依照民事诉讼法第二百零四条规定提起诉讼的，诉讼期间，不停止执行。

案外人的诉讼请求确有理由或者提供充分、有效的担保请求停止执行的，可以裁定停止对执行标的进行处分；申请执行人提供充分、有效的担保请求继续执行的，应当继续执行。

案外人请求停止执行、请求解除查封、扣押、冻结或者申请执行人请求继续执行有错误，给对方造成损失的，应当予以赔偿。

第二十一条　申请执行人依照民事诉讼法第二百零四条规定提起诉讼，请求对执行标的许可执行的，应当以案外人为被告；被执行人反对申请执行人请求的，应当以案外人和被执行人为共同被告。

第二十二条　申请执行人依照民事诉讼法第二百零四条规定提起诉讼的，由执行法院管辖。

第二十三条　人民法院依照民事诉讼法第二百零四条规定裁定对异议标的中止执行后，申请执行人自裁定送达之日起十五日内未提起诉讼的，人民法院应当裁定解除已经采取的执行措施。

第二十四条　申请执行人依照民事诉讼法第二百零四条规定提起诉讼的，执行法院应当依照诉讼程序审理。经审理，理由不成立的，判决驳回其诉讼请求；理由成立的，根据申请执行人的诉讼请求作出相应的裁判。

第二十五条　多个债权人对同一被执行人申请执行或者对执行财产申请参与分配的，执行法院应当制作财产分配方案，并送达各债权人和被执行人。债权人或者被执行人对分配方案有异议的，应当自收到分配方案之日起十五日内向执行法院提出书面异议。

第二十六条　债权人或者被执行人对分配方案提出书面异议的，执行法院应当通知未提出异议的债权人或被执行人。

未提出异议的债权人、被执行人收到通知之日起十五日内未提出反对意见的，执行法院依异议人的意见对分配方案审查修正后进行分配；提出反对意见的，应当通知异议人。异议人可以自收到通知之日起十五日内，以提出反对意见的债权人、被执行人为被告，向执行法院提起诉讼；异议人逾期未提起诉讼的，执行法院依原分配方案进行分配。

诉讼期间进行分配的，执行法院应当将与争议债权数额相应的款项予以提存。

第二十七条　在申请执行时效期间的最后六个月内，因不可抗力或者其他障碍不能行使请求权的，申请执行时效中止。从中止时效的原因消除之日起，申请执行时效期间继续计算。

第二十八条　申请执行时效因申请执行、当事人双方达成和解协议、当事人一方提出履行要求或者同意履行义务而中断。从中断时起，申请执行时效期间重新计算。

第二十九条　生效法律文书规定债务人负有不作为义务的，申请执行时效期间从债务人违反不作为义务之日起计算。

第三十条　执行员依照民事诉讼法第二百一十六条规定立即采取强制执行措施的，可以同时或者自采取强制执行措施之日起三日内发送执行通知书。

第三十一条　人民法院依照民事诉讼法第二百一十七条规定责令被执行人报告财产情况的，应当向其发出报告财产令。报告财产令中应当写明报告财产的范围、报告财产的期间、拒绝报告或者虚假报告的法律后果等内容。

第三十二条　被执行人依照民事诉讼法第二百一十七条的规定，应当书面报告下列财产情况：

（一）收入、银行存款、现金、有价证券；

（二）土地使用权、房屋等不动产；

（三）交通运输工具、机器设备、产品、原材料等动产；

（四）债权、股权、投资权益、基金、知识产权等财产性权利；

（五）其他应当报告的财产。

被执行人自收到执行通知之日前一年至当前财产发生变动的，应当对该变动情况进行报告。

被执行人在报告财产期间履行全部债务的，人民法院应当裁定终结报告程序。

第三十三条　被执行人报告财产后，其财产情况发生变动，影响申请执行人债权实现的，应当自财产变动之日起十日内向人民法院补充报告。

第三十四条　对被执行人报告的财产情况，申请执行人请求查询的，人民法院应当准许。申请执行人对查询的被执行人财产情况，应当保密。

第三十五条　对被执行人报告的财产情况，执行法院可以依申请执行人的申请或者依职权调查核实。

第三十六条　依照民事诉讼法第二百三十一条规定对被执行人限制出境的，应当由申请执行人向执行法院提出书面申请；必要时，执行法院可以依职权决定。

第三十七条　被执行人为单位的，可以对其法定代表人、主要负责人或者影响债务履行的直接责任人员限制出境。

被执行人为无民事行为能力人或者限制民事行为能力人的，可以对其法定代理人限制出境。

第三十八条　在限制出境期间，被执行人履行法律文书确定的全部债务的，执行法院应当及时解除限制出境措施；被执行人提供充分、有效的担保或者申请执行人同意的，可以解除限制出境措施。

第三十九条　依照民事诉讼法第二百三十一条的规定，执行法院可以依职权或者依申请执行人的申请，将被执行人不履行法律文书确定义务的信息，通过报纸、广播、电视、互联网等媒体公布。

媒体公布的有关费用，由被执行人负担；申请执行人申请在媒体公布的，应当垫付有关费用。

第四十条　本解释施行前本院公布的司法解释与本解释不一致的，以本解释为准。

三、《最高人民法院关于人民法院民事执行中拍卖、变卖财产的规定》

为了进一步规范民事执行中的拍卖、变卖措施，维护当事人的合法权益，根据《中华人民共和国民事诉讼法》等法律的规定，结合人民法院民事执行工作的实践经验，制定本规定。

第一条　在执行程序中，被执行人的财产被查封、扣押、冻结后，人民法院应当及时进行拍卖、变卖或者采取其他执行措施。

第二条　人民法院对查封、扣押、冻结的财产进行变价处理时，应当首先采取拍卖的方式，但法律、司法解释另有规定的除外。

第三条　人民法院拍卖被执行人财产，应当委托具有相应资质的拍卖机构进行，并对拍卖机构的拍卖进行监督，但法律、司法解释另有规定的除外。

第四条　对拟拍卖的财产，人民法院应当委托具有相应资质的评估机构进行价格评估。对于财产价值较低或者价格依照通常方法容易确定的，可以不进行评估。

当事人双方及其他执行债权人申请不进行评估的，人民法院应当准许。

对被执行人的股权进行评估时，人民法院可以责令有关企业提供会计报表等资料；有关企业拒不提供的，可以强制提取。

第五条　评估机构由当事人协商一致后经人民法院审查确定；协商不成的，从负责执行的人民法院或者被执行人财产所在地的人民法院确定的评估机构名册中，采取随机的方式确定；当事人双方申请通过公开招标方式确定评估机构的，人民法院应当准许。

第六条　人民法院收到评估机构作出的评估报告后，应当在五日内将评估报告发送当事人及其他利害关系人。当事人或者其他利害关系人对评估报告有异议的，可以在收到评估报告后十日内以书面形式向人民法院提出。

当事人或者其他利害关系人有证据证明评估机构、评估人员不具备相应的评估资质或者评估程序严重违法而申请重新评估的，人民法院应当准许。

第七条　拍卖机构由当事人协商一致后经人民法院审查确定；协商不成的，从负责执行的人民法院或者被执行人财产所在地的人民法院确定的拍卖机构名册中，采取随机的方式确定；当事人双方申请通过公开招标方式确定拍卖机构的，人民法院应当准许。

第八条　拍卖应当确定保留价。

拍卖保留价由人民法院参照评估价确定；未作评估的，参照市价确定，并应当征询有关当事人的意见。

人民法院确定的保留价，第一次拍卖时，不得低于评估价或者市价的百分之八十；如果出现流拍，再行拍卖时，可以酌情降低保留价，但每次降低的数额不得超过前次保留价的百分之二十。

第九条　保留价确定后，依据本次拍卖保留价计算，拍卖所得价款在清偿优先债权和强制执行费用后无剩余可能的，应当在实施拍卖前将有关情况通知申请执行人。申请执行人于收到通知后五日内申请继续拍卖的，人民法院应当准许，但应当重新确定保留价；重新确定的保留价应当大于该优先债权及强制执行费用的总额。

依照前款规定流拍的，拍卖费用由申请执行人负担。

第十条　执行人员应当对拍卖财产的权属状况、占有使用情况等进行必要的调查，制作拍卖财产现状的调查笔录或者收集其他有关资料。

第十一条　拍卖应当先期公告。

拍卖动产的，应当在拍卖七日前公告；拍卖不动产或者其他财产权的，应当在拍卖十五日前公告。

第十二条　拍卖公告的范围及媒体由当事人双方协商确定；协商不成的，由人民法院确定。拍卖财产具有专业属性的，应当同时在专业性报纸上进行公告。

当事人申请在其他新闻媒体上公告或者要求扩大公告范围的，应当准许，但该部分的公告费用由其自行承担。

第十三条　拍卖不动产、其他财产权或者价值较高的动产的，竞买人应当于拍卖前向人民法院预交保证金。申请执行人参加竞买的，可以不预交保证金。保证金的数额由人民法院确定，但不得低于评估价或者市价的百分之五。

应当预交保证金而未交纳的，不得参加竞买。拍卖成交后，买受人预交的保证金充抵价款，其他竞买人预交的保证金应当在三日内退还；拍卖未成交的，保证金应当于三日内退还竞买人。

第十四条　人民法院应当在拍卖五日前以书面或者其他能够确认收悉的适当方式，通知当事人和已知的担保物权人、优先购买权人或者其他优先权人于拍卖日到场。

优先购买权人经通知未到场的，视为放弃优先购买权。

第十五条　法律、行政法规对买受人的资格或者条件有特殊规定的，竞买人应当具备规定的资格或者条件。

申请执行人、被执行人可以参加竞买。

第十六条　拍卖过程中，有最高应价时，优先购买权人可以表示以该最高价买受，如无更高应价，则拍归优先购买权人；如有更高应价，而优先购买权人不作表示的，则拍归该应价最高的竞买人。

顺序相同的多个优先购买权人同时表示买受的，以抽签方式决定买受人。

第十七条　拍卖多项财产时，其中部分财产卖得的价款足以清偿债务和支付被执行人应当负担的费用的，对剩余的财产应当停止拍卖，但被执行人同意全部拍卖的除外。

第十八条　拍卖的多项财产在使用上不可分，或者分别拍卖可能严重减损其价值的，应当合并拍卖。

第十九条　拍卖时无人竞买或者竞买人的最高应价低于保留价，到场的申请执行人或者其他执行债权人申请或者同意以该次拍卖所定的保留价接受拍卖财产的，应当将该财产交其抵债。

有两个以上执行债权人申请以拍卖财产抵债的，由法定受偿顺位在先的债权人优先承受；受偿顺位相同的，以抽签方式决定承受人。承受人应受清偿的债权额低于抵债财产的价额的，人民法院应当责令其在指定的期间内补交差额。

第二十条　在拍卖开始前，有下列情形之一的，人民法院应当撤回拍卖委托：

（一）据以执行的生效法律文书被撤销的；

（二）申请执行人及其他执行债权人撤回执行申请的；

（三）被执行人全部履行了法律文书确定的金钱债务的；

（四）当事人达成了执行和解协议，不需要拍卖财产的；

（五）案外人对拍卖财产提出确有理由的异议的；

（六）拍卖机构与竞买人恶意串通的；

（七）其他应当撤回拍卖委托的情形。

第二十一条　人民法院委托拍卖后，遇有依法应当暂缓执行或者中止执行的情形的，应当决定暂缓执行或者裁定中止执行，并及时通知拍卖机构和当事人。拍卖机构收到通知后，应当立即停止拍卖，并通知竞买人。

暂缓执行期限届满或者中止执行的事由消失后，需要继续拍卖的，人民法院应当在十五日内通知拍卖机构恢复拍卖。

第二十二条　被执行人在拍卖日之前向人民法院提交足额金钱清偿债务，要求停止拍卖的，人民法院应当准许，但被执行人应当负担因拍卖支出的必要费用。

第二十三条　拍卖成交或者以流拍的财产抵债的，人民法院应当作出裁定，并于价款或者需要补交的差价全额交付后十日内，送达买受人或者承受人。

第二十四条　拍卖成交后，买受人应当在拍卖公告确定的期限或者人民法院指定的期限内将价款交付到人民法院或者汇入人民法院指定的账户。

第二十五条　拍卖成交或者以流拍的财产抵债后，买受人逾期未支付价款或者承受人逾期未补交差价而使拍卖、抵债的目的难以实现的，人民法院可以裁定重新拍卖。重新拍卖时，原买受人不得参加竞买。

重新拍卖的价款低于原拍卖价款造成的差价、费用损失及原拍卖中的佣金，由原买受人承担。人民法院可以直接从其预交的保证金中扣除。扣除后保证金有剩余的，应当退还原买受人；保证金数额不足的，可以责令原买受人补交；拒不补交的，强制执行。

第二十六条　拍卖时无人竞买或者竞买人的最高应价低于保留价，到场的申请执行人或者其他执行债权人不申请以该次拍卖所定的保留价抵债的，应当在六十日内再行拍卖。

第二十七条　对于第二次拍卖仍流拍的动产，人民法院可以依照本规定第十九条的规定将其作价交申请执行人或者其他执行债权人抵债。申请执行人或者其他执行债权人拒绝接受或者依法不能交付其抵债的，人民法院应当解除查封、扣押，并将该动产退还被执行人。

第二十八条　对于第二次拍卖仍流拍的不动产或者其他财产权，人民法院可以依照本规定第十九条的规定将其作价交申请执行人或者其他执行债权人抵债。申请执行人或者其他执行债权人拒绝接受或者依法不能交付其抵债的，应当在六十日内进行第三次拍卖。

第三次拍卖流拍且申请执行人或者其他执行债权人拒绝接受或者依法不能接受该不动产或者其他财产权抵债的，人民法院应当于第三次拍卖终结之日起七日内发出变卖公告。自公告之日起六十日内没有买受人愿意以第三次拍卖的保留价买受该财产，且申请执行人、其他执行债权人仍不表示接受该财产抵债的，应当解除查封、冻结，将该财产退还被执行人，但对该财产可以采取其他执行措施的除外。

第二十九条　动产拍卖成交或者抵债后，其所有权自该动产交付时起转移给买受人或者承受人。

不动产、有登记的特定动产或者其他财产权拍卖成交或者抵债后，该不动产、特定动产的所有权、其他财产权自拍卖成交或者抵债裁定送达买受人或者承受人时起转移。

第三十条　人民法院裁定拍卖成交或者以流拍的财产抵债后，除有依法不能移交的情形外，应当于裁定送达后十五日内，将拍卖的财产移交买受人或者承受人。被执行人或者第三人占有拍卖财产应当移交而拒不移交的，强制执行。

第三十一条　拍卖财产上原有的担保物权及其他优先受偿权，因拍卖而消灭，拍卖所得价款，应当优先清偿担保物权人及其他优先受偿权人的债权，但当事人另有约定的除外。

拍卖财产上原有的租赁权及其他用益物权，不因拍卖而消灭，但该权利继续存在于拍卖财产上，对在先的担保物权或者其他优先受偿权的实现有影响的，人民法院应当依法将其除去后进行拍卖。

第三十二条 拍卖成交的，拍卖机构可以按照下列比例向买受人收取佣金：

拍卖成交价 200 万元以下的，收取佣金的比例不得超过 5%；超过 200 万元至 1000 万元的部分，不得超过 3%；超过 1000 万元至 5000 万元的部分，不得超过 2%；超过 5000 万元至 1 亿元的部分，不得超过 1%；超过 1 亿元的部分，不得超过 0.5%。

采取公开招标方式确定拍卖机构的，按照中标方案确定的数额收取佣金。

拍卖未成交或者非因拍卖机构的原因撤回拍卖委托的，拍卖机构为本次拍卖已经支出的合理费用，应当由被执行人负担。

第三十三条 在执行程序中拍卖上市公司国有股和社会法人股的，适用最高人民法院《关于冻结、拍卖上市公司国有股和社会法人股若干问题的规定》。

第三十四条 对查封、扣押、冻结的财产，当事人双方及有关权利人同意变卖的，可以变卖。

金银及其制品、当地市场有公开交易价格的动产、易腐烂变质的物品、季节性商品、保管困难或者保管费用过高的物品，人民法院可以决定变卖。

第三十五条 当事人双方及有关权利人对变卖财产的价格有约定的，按照其约定价格变卖；无约定价格但有市价的，变卖价格不得低于市价；无市价但价值较大、价格不易确定的，应当委托评估机构进行评估，并按照评估价格进行变卖。

按照评估价格变卖不成的，可以降低价格变卖，但最低的变卖价不得低于评估价的二分之一。

变卖的财产无人应买的，适用本规定第十九条的规定将该财产交申请执行人或者其他执行债权人抵债；申请执行人或者其他执行债权人拒绝接受或者依法不能交付其抵债的，人民法院应当解除查封、扣押，并将该财产退还被执行人。

第三十六条 本规定自 2005 年 1 月 1 日起施行。施行前本院公布的司法解释与本规定不一致的，以本规定为准。

四、《最高人民法院关于执行〈中华人民共和国行政诉讼法〉若干问题的解释》（节录）

（《最高人民法院关于执行〈中华人民共和国行政诉讼法〉若干问题的解释》已于1999年11月24日由最高人民法院审判委员会第1088次会议通过。现予公布，自2000年3月10日起施行。）

七、执　行

第八十三条　对发生法律效力的行政判决书、行政裁定书、行政赔偿判决书和行政赔偿调解书，负有义务的一方当事人拒绝履行的，对方当事人可以依法申请人民法院强制执行。

第八十四条　申请人是公民的，申请执行生效的行政判决书、行政裁定书、行政赔偿判决书和行政赔偿调解书的期限为1年，申请人是行政机关、法人或者其他组织的为180日。

申请执行的期限从法律文书规定的履行期间最后一日起计算；法律文书中没有规定履行期限的，从该法律文书送达当事人之日起计算。

逾期申请的，除有正当理由外，人民法院不予受理。

第八十五条　发生法律效力的行政判决书、行政裁定书、行政赔偿判决书和行政赔偿调解书，由第一审人民法院执行。

第一审人民法院认为情况特殊需要由第二审人民法院执行的，可以报请第二审人民法院执行；第二审人民法院可以决定由其执行，也可以决定由第一审人民法院执行。

第八十六条　行政机关根据行政诉讼法第六十六条的规定申请执行其具体行政行为，应当具备以下条件：

（一）具体行政行为依法可以由人民法院执行；

（二）具体行政行为已经生效并具有可执行内容；

（三）申请人是作出该具体行政行为的行政机关或者法律、法规、规章授权的组织；

（四）被申请人是该具体行政行为所确定的义务人；

（五）被申请人在具体行政行为确定的期限内或者行政机关另行指定的期限内未履行义务；

（六）申请人在法定期限内提出申请；

（七）被申请执行的行政案件属于受理申请执行的人民法院管辖。

人民法院对符合条件的申请，应当立案受理，并通知申请人；对不符合条件的申请，应当裁定不予受理。

第八十七条　法律、法规没有赋予行政机关强制执行权，行政机关申请人民法院强制执行的，人民法院应当依法受理。

法律、法规规定既可以由行政机关依法强制执行，也可以申请人民法院强制执行，行政机关申请人民法院强制执行的，人民法院可以依法受理。

第八十八条　行政机关申请人民法院强制执行其具体行政行为，应当自被执行人的法定起诉期限届满之日起180日内提出。逾期申请的，除有正当理由外，人民法院不予受理。

第八十九条　行政机关申请人民法院强制执行其具体行政行为，由申请人所在地的基层人民法院受理；执行对象为不动产的，由不动产所在地的基层人民法院受理。

基层人民法院认为执行确有困难的，可以报请上级人民法院执行；上级人民法院可以决定由其执行，也可以决定由下级人民法院执行。

第九十条　行政机关根据法律的授权对平等主体之间民事争议作出裁决后，当事人在法定期限内不起诉又不履行，作出裁决的行政机关在申请执行的期限内未申请人民法院强制执行的，生效具体行政行为确定的权利人或者其继承人、权利承受人在90日内可以申请人民法院强制执行。

享有权利的公民、法人或者其他组织申请人民法院强制执行具体行政行为，参照行政机关申请人民法院强制执行具体行政行为的规定。

第九十一条　行政机关申请人民法院强制执行其具体行政行为，应当提交申请执行书、据以执行的行政法律文书、证明该具体行政行为合法的材料和被执行人财产状况以及其他必须提交的材料。

享有权利的公民、法人或者其他组织申请人民法院强制执行的，人民法院应当向作出裁决的行政机关调取有关材料。

第九十二条　行政机关或者具体行政行为确定的权利人申请人民法院强制执行前，有充分理由认为被执行人可能逃避执行的，可以申请人民法院采取财产保全措施。后者申请强制执行的，应当提供相应的财产担保。

第九十三条　人民法院受理行政机关申请执行其具体行政行为的案件后，应当在30日内由行政审判庭组成合议庭对具体行政行为的合法性进行审查，并就是否准予强制执行作出裁定；需要采取强制执行措施的，由本院负责强制执行非诉行政行为的机构执行。

第九十四条　在诉讼过程中，被告或者具体行政行为确定的权利人申请人民法院强制执行被诉具体行政行为，人民法院不予执行，但不及时执行可能给国家利益、公共利益或者他人合法权益造成不可弥补的损失的，人民法院可以先予执行。后者申请强制执行的，应当提供相应的财产担保。

第九十五条　被申请执行的具体行政行为有下列情形之一的，人民法院应当裁定不准予执行：

（一）明显缺乏事实根据的；

（二）明显缺乏法律依据的；

（三）其他明显违法并损害被执行人合法权益的。

第九十六条　行政机关拒绝履行人民法院生效判决、裁定的，人民法院可以依照行政诉讼法第六十五条第三款的规定处理，并可以参照民事诉讼法第一百零二条的有关规定，对主要负责人或者直接责任人员予以罚款处罚。

五、《最高人民法院关于财产刑执行问题的若干规定》

（《最高人民法院关于财产刑执行问题的若干规定》已于2009年11月30日由最高人民法院审判委员会第1478次会议通过，现予公布，自2010年6月1日起施行。）

为完善财产刑的执行制度，规范财产刑的执行工作，依照《中华人民共和国刑法》、《中华人民共和国刑事诉讼法》等法律规定，制定本规定。

第一条　财产刑由第一审人民法院负责裁判执行的机构执行。

被执行的财产在异地的，第一审人民法院可以委托财产所在地的同级人民法院代为执行。

第二条　第一审人民法院应当在本院作出的刑事判决、裁定生效后，或者收到上级人民法院生效的刑事判决、裁定后，对有关财产刑执行的法律文书立案执行。

第三条　对罚金的执行，被执行人在判决、裁定确定的期限内未足额缴纳的，人民法院应当在期满后强制缴纳。

对没收财产的执行，人民法院应当立即执行。

第四条　人民法院应当依法对被执行人的财产状况进行调查，发现有可供执行的财产，需要查封、扣押、冻结的，应当及时采取查封、扣押、冻结等强制执行措施。

第五条　执行财产刑时，案外人对被执行财产提出权属异议的，人民法院应当审查并参照民事诉讼法的有关规定处理。

第六条　被判处罚金或者没收财产，同时又承担刑事附带民事诉讼赔偿责任的被执行人，应当先履行对被害人的民事赔偿责任。

判处财产刑之前被执行人所负正当债务，应当偿还的，经债权人请求，先行予以偿还。

第七条　执行的财产应当全部上缴国库。

委托执行的，受托人民法院应当将执行情况连同上缴国库凭据送达委托人民法院；不能执行到位的，应当及时告知委托人民法院。

第八条　具有下列情形之一的，人民法院应当裁定中止执行；中止执行的原因消除后，恢复执行：

（一）执行标的物系人民法院或者仲裁机构正在审理的案件争议标的物，需等待该案件审理完毕确定权属的；

（二）案外人对执行标的物提出异议确有理由的；

（三）其他应当中止执行的情形。

被执行人没有全部缴纳罚金的，人民法院在任何时候发现被执行人有可供执行的财产，应当随时追缴。

第九条　具有下列情形之一的，人民法院应当裁定终结执行：

（一）据以执行的刑事判决、裁定被撤销的；

（二）被执行人死亡或者被执行死刑，且无财产可供执行的；

（三）被判处罚金的单位终止，且无财产可供执行的；

（四）依照刑法第五十三条规定免除罚金的；

（五）其他应当终结执行的情形。

人民法院裁定终结执行后，发现被执行人有隐匿、转移财产情形的，应当追缴。

第十条　财产刑全部或者部分被撤销的，已经执行的财产应当全部或者部分返还被执行人；无法返还的，应予赔偿。

第十一条　因遭遇不能抗拒的灾祸缴纳罚金确有困难，被执行人向执行法院申请减少或者免除的，执行法院经审查认为符合法定减免条件的，应当在收到申请后一个月内依法作出裁定准予减免；认为不符合法定减免条件的，裁定驳回申请。

第十二条　人民法院办理财产刑执行案件，本规定没有规定的，参照适用民事执行的有关规定。

第十三条　此前发布的司法解释与本规定不一致的，以本规定为准。

六、《最高人民法院关于执行〈中华人民共和国刑事诉讼法〉若干问题的解释》（节录）

十九、执行程序

第三百三十七条　判决和裁定在发生法律效力后执行。

下列判决和裁定是发生法律效力的判决和裁定：

（一）已过法定期限没有上诉、抗诉的判决和裁定；

（二）终审的判决和裁定；

（三）高级人民法院核准的死刑缓期二年执行的判决、裁定和依据最高人民法院的授权核准死刑的判决和裁定；

（四）最高人民法院核准死刑的判决和裁定。

第三百三十八条　最高人民法院判处和核准的死刑立即执行的判决、裁定，应当由最高人民法院院长签发执行死刑命令；最高人民法院授权高级人民法院核准的死刑立即执行的判决、裁定，应当由高级人民法院院长签发执行死刑命令。

第三百三十九条　被判处死刑缓期二年执行的罪犯，在死刑缓期执行期间，如果故意犯罪的，应当由人民检察院提起公诉，罪犯服刑地的中级人民法院依法审判，所作的判决可以上诉、抗诉。

认定构成故意犯罪的判决、裁定发生法律效力后，由作出生效判决、裁定的人民法院，依照本解释第二百七十五条第（四）项或者第二百七十七条的规定报请上级人民法院或者由本院核准犯罪分子死刑立即执行。上级人民法院或者本院核准后，交罪犯服刑地的中级人民法院执行死刑。

第三百四十条　死刑缓期二年执行期满应当减刑的，人民法院应当及时减刑。死刑缓期二年执行期满减为有期徒刑的，刑期自死刑缓期二年执行期满之日起计算。

第三百四十一条　最高人民法院和高级人民法院的执行死刑命令，均由高级人民法院交付原审人民法院执行，原审人民法院接到执行死刑命令后，应当在七日内执行。

第三百四十二条　下级人民法院在接到执行死刑命令后，发现有下列情形之一的，应当停止执行，并立即报告核准死刑的人民法院，由核准死刑的人民法院作出裁定：

（一）在执行前发现裁判可能有错误的；

（二）在执行前罪犯揭发重大犯罪事实或者有其他重大立功表现，可能需要改判的；

（三）罪犯正在怀孕的。

前款第（一）项、第（二）项规定停止执行的原因消失后，必须报请核准死刑的人民法院院长再签发执行死刑命令才能执行；由于前款第（三）项规定的原因停止执行的，应当报请核准死刑的人民法院依法改判。

第三百四十三条　执行死刑前，罪犯提出会见其近亲属或者其近亲属提出会见罪犯申请的，人民法院可以准许。

第三百四十四条　人民法院将罪犯交付执行死刑，应当在交付执行三日前通知同级人民检察院派员临场监督。

第三百四十五条　死刑采用枪决或者注射等方法执行。

采用注射方法执行死刑的，应当在指定的刑场或者羁押场所内执行。具体程序，依照有关规定。

采用枪决、注射以外的其他方法执行死刑的，应当事先报请最高人民法院批准。

第三百四十六条　执行死刑前，指挥执行的审判人员对罪犯应当验明正身，询问有无遗言、信札，并制作笔录，然后交付执行人员执行死刑。

执行死刑应当公布，禁止游街示众或者其他有辱被执行人人格的行为。

第三百四十七条　执行死刑完毕，应当由法医验明罪犯确实死亡后，在场书记员制作笔录。交付执行的人民法院应当将执行死刑情况（包括执行死刑前后照片）及时逐级上报最高人民法院。

第三百四十八条　执行死刑后，负责执行的人民法院应当办理以下事项：

（一）对于死刑罪犯的遗书、遗言笔录，应当及时进行审查，涉及财产继承、债务清偿、家事嘱托等内容的，将遗书、遗言笔录交给家属，同时复制存卷备查；涉及案件线索等问题的，应当抄送有关机关；

（二）通知罪犯家属在限期内领取罪犯尸体；有火化条件的，通知领取骨灰。过期不领取的，由人民法院通知有关单位处理。对于死刑罪犯的尸体或者骨灰的处理情况，应当记录在卷；

（三）对外国籍罪犯执行死刑后，通知外国驻华使、领馆的程序和时限，依照有关规定办理。

第三百四十九条　对于判处死刑缓期二年执行、无期徒刑、有期徒刑的罪犯，交付执行的人民法院应当将判决书、裁定书、人民检察院的起诉书副本、自诉状复印件、人民法院的执行通知书、结案登记表及时送达看守所，由公安机关将罪犯交付监狱执行。

第三百五十条　收监执行决定书应当分别送达交付执行的公安机关和监狱。罪犯需要羁押执行刑罚，而判决确定前罪犯没有被羁押的，人民法院应当根据生效的判决书或者裁定书将罪犯羁押，并送交公安机关。

第三百五十一条　对于判处拘役的罪犯，在判决、裁定生效后，由交付执行的人民法院将判决书、裁定书、人民检察院的起诉书副本、自诉状复印件、执行通知书、结案登记表及时送达公安机关。

第三百五十二条　执行通知书回执经看守所盖章后，附入人民法院的诉讼案卷。

第三百五十三条　被判处有期徒刑或者拘役的罪犯，有刑事诉讼法第二百一十四条第一、五款规定的情形之一，人民法院决定暂予监外执行的，应当制作《暂予监外执行决定书》，载明罪犯基本情况、判决确定的罪名和刑罚、决定暂予监外执行的原因、依据等内容，并抄送人民检察院和罪犯居住地的公安机关。

第三百五十四条　判决、裁定生效后，公安机关将罪犯交付执行，监狱不予收监的，监狱应当书面说明理由，由公安机关将执行通知书退回人民法院。人民法院经审查认为监狱不予收监的罪犯不符合刑事诉讼法第二百一十四条规定的暂予监外执行条件的，应当决定将罪犯交付监狱收监执行。收监执行决定书应当分别送达交付执行的公安机关和监狱。

第三百五十五条　第一审人民法院判处拘役或者有期徒刑宣告缓刑的犯罪分子，判决尚未发生法律效力的，不能立即交付执行。如果被宣告缓刑的罪犯在押，第一审人民法院应当先行作出变更强制措施的决定，改为监视居住或者取保候审，并立即通知有关公安机关。判决发生法律效力后，应当将法律文书送达当地公安机关。

第三百五十六条　被宣告缓刑、假释的犯罪分子，在缓刑、假释考验期限内再犯新罪或者被发现判决宣告以前还有其他罪没有判决，应当撤销缓刑、假释的，由审判新罪的人民法院在审判新罪时，对原判决、裁定宣告的缓刑、假释予以撤销；如果原来是上级人民法院判决、裁定宣告缓刑、假释的，审判新罪的下级人民法院也可以撤销原判决、裁定宣告的缓刑、假释。审判新罪的人民法院对原审判决、裁定宣告的缓刑、假释撤销后，应当通知原宣告缓刑、假释的人民法院和执行机关。

第三百五十七条　被宣告缓刑、假释的犯罪分子，在缓刑、假释考验期限内违反法律、行政法规或者国务院公安部门有关缓刑、假释的监督管理规定，应当依法撤销缓刑、假释的，原作出缓刑、假释裁判的人民法院应当自收到同级公安机关提出的撤销缓刑、假释建议书之日起一个月内依法作出裁定。

人民法院撤销缓刑、假释的裁定，一经作出，立即生效。

第三百五十八条　发生法律效力的刑事判决、裁定和调解书中涉及财产内容需要执行的，由原审人民法院执行。

附带民事判决中财产的执行，依照民事诉讼法和最高人民法院的有关规定办理。

第三百五十九条　罚金在判决规定的期限内一次或者分期缴纳。期满无故不缴纳的，人民法院应当强制缴纳。经强制缴纳仍不能全部缴纳的，人民法院在任何时候，包括在判处的主刑执行完毕后，发现被执行人有可以执行的财产的，应当追缴。

如果由于遭遇不能抗拒的灾祸缴纳罚金确实有困难的，犯罪分子可以向人民法院申请减少或者免除。人民法院查证属实后，可以裁定对原判决确定的罚金数额予以减少或者免除。

行政机关对被告人就同一事实已经处以罚款的，人民法院判处罚金时应当予以折抵。

第三百六十条　对判处财产刑的犯罪分子或者附带民事诉讼的判决、裁定有执行财产内容的被告人，在本地无财产可供执行的，原判人民法院可以委托其财产所在地人民法院代为执行。代为执行的人民法院执行后或者无法执行的，应当将有关情况及时通知委托的人民法院。代为执行的人民法院可以将执行财产刑的财产直接上缴国库；需要退赔的财产，应当由执行的人民法院移交委托人民法院依法退赔。

参考文献

1. ［法］孟德斯鸠著．论法的精神．张雁深译．北京：商务印书馆，1982.

2. 谭秋桂．民事执行原理研究．北京：中国法制出版社，2001.

3. ［英］詹宁斯著．法与宪法．龚祥瑞、侯健译．北京：生活·读书·新知三联书店，1997.

4. 胡建淼．行政法学．北京：法律出版社，1998.

5. 孙笑侠．司法权的性质是判断权．法学，1998，8.

6. 龚祥瑞．比较宪法与行政法．北京：法律出版社，2003.

7. 甘雨沛．比较刑法学大全．北京：北京大学出版社，2000.

8. 师宕编著．司法警察必备．海口：海南出版社，2001.

9. ［奥］凯尔森著．法与国家的一般理论．沈宗灵译．北京：中国大百科全书出版社，1996.

10. 胡夏冰．司法权：性质与构成的分析．北京：人民法院出版社，2003.

11. ［美］汉密尔顿等著．联邦党人文集．程逢如等译．北京：商务印书馆，1980.

12. 强制执行指导与参考．第 3 辑．北京：法律出版社，2002.

13. 马怀德主编．行政诉讼原理．北京：法律出版社，2003.

14. 王珉灿主编．行政法概要．北京：法律出版社，1983.

15. 胡建淼主编．行政强制法研究．北京：法律出版社，2003.

16. 姜明安主编．行政法与行政诉讼法．北京：北京大学出版社/高等教育出版社，1999.

17. 甘文．行政诉讼法司法解释之评论——理由、观念与问题．北京：中国法制出版社，2002.